Chiara Lubich

WEITER
ALS GEDACHT

VON DER KRAFT
DER FROHEN BOTSCHAFT

Herausgegeben, eingeführt und kommentiert
von Stefan Liesenfeld

VERLAG NEUE STADT
MÜNCHEN · ZÜRICH · WIEN

© Für die italienischen Originaltexte von Chiara Lubich:
Città Nuova Editrice, via Pieve Torina, 55, 00156 Roma

Übertragung der Texte aus dem Italienischen und Bearbeitung:
Gudrun Griesmayr und Stefan Liesenfeld

Mehr Bäume.Weniger CO$_2$

Klimaneutral gedruckt. Weil jeder Beitrag zählt.

2023, 1. Auflage
© Alle Rechte der deutschsprachigen Ausgabe
bei Verlag Neue Stadt GmbH, München
Umschlaggestaltung und Satz: Neue-Stadt-Grafik
Druck: cpi – Clausen & Bosse, Leck
ISBN 978-3-7346-1330-2

www.neuestadt.com

Inhalt

WIE DIE BOTSCHAFT WEITERTRAGEN?
HALTUNGEN, ORTE UND WEGE

Inhalt

Zur Einführung

Die Publikation mit Texten von Chiara Lubich zum Thema Gebet und Leben („In Seiner Gegenwart", München 2022) hat viel Interesse gefunden. Aus den Reaktionen spricht eine tiefe Sehnsucht: der Wunsch nach einem Leben aus einer tragenden Mitte. Hilfreich erschien vor allem Chiara Lubichs Blick für das Ineinander von Gebet und Leben, von Persönlichem und der Gemeinschaft, vom Leben mit Gott im eigenen Innern wie mit ihm „unter uns", von Kontemplation und Aktion „als Wurzel und Frucht" des je anderen. Die Liebe ist unteilbar, Gottes- und Nächstenliebe sind substanzieller verzahnt, als wir oft meinen.

In diesem Buch nun geht der Blick „nach außen": hin zum weiten Feld von Ruf und Sendung, zur Botschaft des Christentums und ihrer Weitergabe – so, wie Chiara Lubich dies fokussiert hat. Es ist eine andere Blickrichtung, aber im Kern nichts anderes, ähnlich einer Wendejacke mit einer Innen- und Außenseite, die man so oder so tragen und zeigen kann.[1] Immer geht es um die „Frohe Botschaft" von einer Liebe, die alles trägt und umfangen will.

---

1   So finden sich im Folgenden auch Texte, die bereits in der vorausgegangenen Publikation zitiert wurden, hier aber aus einer anderen Perspektive.

I

„Es wird unmöglich sein, in Worte zu fassen, was ich empfinde.
Wie soll man die richtigen Worte finden?" (Chiara Lubich)[2]

Wovon das Herz voll ist, davon geht bekanntlich der Mund über. Ein Wort aus der Bibel übrigens, ein Wort Jesu, nachzulesen in Lukas 6,45.

Wovon ist unser Herz „voll"? Angenommen, Jesus und seine Botschaft *sind* einem ein Herzensanliegen – wie Worte finden? Wie die Botschaft weitergeben, weitertragen zu anderen, hinein in diese Welt? Ja, wie soll man das eigentlich nennen, da sich kaum unbelastete Wörter finden lassen?! Missionieren hat gar keinen guten Klang. Evangelisieren, Evangelisation? Neuevangelisierung? Apostolat? Laienapostolat? Zeugnis? Glaubensverkündigung, -weitergabe?

Wie unterschiedlich sind all diese Begriffe „gefüllt", wie gegensätzlich die spontanen Reaktionen! Da setzen die einen auf eine neue Missionierung in unterschiedlichsten Formen, engagieren sich für die „Neuevangelisierung" (worunter auch recht Unterschiedliches verstanden wird) – und anderen läuft es kalt den Rücken herunter: Ist nicht anderes dran? Will man in einem „nicht mehr" (?) „christlichen (?) Abendland" etwa wieder zurück zu (vermeintlich) besseren Zeiten? Wann war die Welt je christlich, im Sinne Jesu geprägt?[3] Viele Fragezeichen tun sich auf. Außer Frage scheint zu

---

2 In: Chiara Lubich, Der Schrei. 11.13.
3 Bezeichnenderweise stellte Chiara schon in einem auf das Jahr 1949 zurückgehenden Text fest: „Wer sich einmal bewusst in unseren Städten umschaut, gewinnt den Eindruck, dass wir von einer christlich geprägten Gesellschaft weit entfernt sind" (AB, 165).

stehen: Gute Absichten, ja heilige Intentionen gibt es hier wie da. Aber es ist offenkundig ein schwieriges Terrain und keine kleine Herausforderung, durch das Gestrüpp der Empfindungen und Assoziationen durchzustoßen.

Bei den im Folgenden versammelten Texten von Chiara Lubich (Briefauszügen, Betrachtungen, Gedanken, Redebeiträgen etc.) ist mitzubedenken: Zu ihrer Zeit in ihrem Umfeld hatte sie diese Probleme *so* nicht. Die Texte haben etwas sehr Unmittelbares, sind Frucht einer *Erfahrung*. Einer Erfahrung, die sie mit anderen geteilt hat und die im großen Kontext der Botschaft des Christentums und ihrer *traditio,* ihrer Weitergabe verortet ist. Schon am Anfang steht da eine lebendige Erfahrung: das, was Menschen mit Jesus von Nazareth erlebt haben. Dann das schier Unglaubliche, was Menschen nach seinem Tod *erfahren* haben: Er lebt! Im ersten Johannesbrief heißt es eindrucksvoll: „Was von Anfang an war, was wir gehört haben, was wir mit unseren Augen gesehen, was wir geschaut und was unsere Hände angefasst haben …, das verkünden wir auch euch" (1 Johannes 1,1-3). Überdeutlich zeigt der Anfang: „Evangelisieren" zielt nicht – jedenfalls nicht primär und auch im Letzten nicht – auf irgendeine Wissensvermittlung, schon gar nicht auf Bestandssicherungen oder (Rück-)Eroberungen. Es geht um *Le-ben.* Leben im je neuen Heute, mit einem, durch den das Leben neu werden kann. Es geht um *Er*leben, Sehen, Hören, Fühlen, Berühren. Um die Begegnung mit einer Liebe, wie sie bedingungsloser und größer nicht sein könnte, mit einer Liebe, die befreit und frei lässt, die leben und aufleben lässt. „Wenn Menschen die

Frohe Botschaft von A bis Z gehört haben, ohne wenigstens ein Mal mit der Güte Jesu geliebt worden zu sein, sind sie nicht wirklich mit dem Evangelium in Kontakt gekommen", bringt es Madeleine Delbrêl auf den Punkt.[4]

II

Bei Gott, bei Jesus sein beinhaltet von Anfang an: mit ihm bei denen sein, für die er da ist. Bei Jesus sein heißt: bei *dem* Gesandten des Vaters sein – einbezogen in *seine* Sendung, seine „Mission".

„Missionarisch Kirche sein"!? Die vorliegende Publikation fällt in eine Zeit, in der dieses Thema für die ganze Kirche, für alle Kirchen von großer Wichtigkeit ist. Es treibt viele um, und zwar seit Jahrzehnten und heute mehr denn je. Was ist wie weiterzugeben? Was lässt sich überhaupt noch vermitteln? Wollen, können, dürfen wir andere „gewinnen"? Soll nicht jede(r) glauben, was sie/er will?

Unverkennbar braucht es *neue* Aktualisierungen, neue Formen in Wort und Lebenspraxis, damit die Botschaft ankommen kann, auch in unseren Kreisen, Gemeinschaften, Kirchen. Damit wir selbst neu ergriffen werden, um sie weitertragen zu können. Chiara, wie sie meist einfach genannt wird, vertraute darauf, dass es letztlich Gott selbst ist, der „von Zeit zu Zeit das Licht des Evangeliums in der Kirche neu aufstrahlen" lasse: Er „scheint aus Köpfen und Herzen den Staub

---

4   Zitiert nach Annette Schleinzer, Madeleine Delbrêl. Prophetin für eine erneuerte Kirche. Impulse für Realisten, 3. Aufl. als Neuausgabe, München 2023, 120f.

wegzufegen, damit christliches Leben wieder lebendig pulsieren kann. Die Botschaft ist dieselbe wie eh und je, aber jedes Mal erscheint sie neu als Antwort auf die Bedürfnisse und Nöte gerade dieser Zeit" (A1, 264). Dabei ist unser Mitwirken gefragt, in „mutiger, kreativer Treue", zumal „angesichts der schnellen, tiefgreifenden Veränderungen einer globalisierten Welt, in die besonders die neuen Generationen eingetaucht sind".[5]

Die Schwierigkeiten hängen nicht nur mit einer oft beklagten zunehmenden Säkularisierung zusammen. Auch innerkirchliche Probleme und Krisen bis hin zu veritablen Verbrechen wie bei den Fällen sexuellen Missbrauchs spielen eine große Rolle und sind hinlänglich bekannt. Unübersehbar brauchen wir eine radikale Besinnung und Neuausrichtung. Für ernsthafte Bemühungen steht etwa der Synodale Weg der katholischen Kirche in Deutschland. Und nicht zuletzt Papst Franziskus, der seit Beginn seines Pontifikats wegweisende Impulse gibt, jüngst mit der Initiative der „Weltsynode", die neue Akzente setzt (nicht nur in der Ausweitung des Teilnehmer/*innen*kreises). Sie widmet sich „prioritär" den Themen *Gemeinschaft* und *Sendung* und der großen Frage, wie sich die *Teilhabe* des ganzen Gottesvolks fördern und umsetzen lässt. „Synodalität" ist das große Anliegen: Das *gemeinsame* Unterwegssein soll gestärkt werden – weil das zum Wesen der Kirche gehört und weil die Glaubwürdigkeit und Authentizität des Zeugnisses davon abhängen. Wichtig sind dabei das Hören aufeinander (auf *alle* in der Kirche in der Vielfalt der Ortskirchen), das

---

5   Fabio Ciardi und Renata Simon, in: Un annuncio che cambia la vita negli scritti di Chiara Lubich, Rom 2023, 81.

Hören auf die drängenden Fragen und Nöte unserer Zeit unter Beachtung wissenschaftlicher, auch humanwissenschaftlicher Erkenntnisse[6], das Hören auf den Gottesgeist. Dabei darf und soll nichts ausgeklammert werden.[7] Piero Coda, Generalsekretär der Internationalen Theologenkommission, weist darauf hin, dass schon im Arbeitspapier zur Weltsynode nicht mehr von „geistlichem Gespräch" die Rede ist, sondern von einem „Gespräch im Geist": Nicht spirituelle Bypässe sind gesucht, sondern die Offenheit für das, was der Gottesgeist verstehen lässt – für eine innere Neuausrichtung, aber auch in strukturellen, (kirchen-) rechtlichen und anderen Fragen.[8] – Auch die hier zusammengetragenen Texte von Chiara sind nicht nur „geistlicher Natur", sondern bieten Impulse für eben jenes „Gespräch im Geist", mehr noch: für ein *Gehen* im Geist, ein Unterwegssein mit dem Auferstandenen, in Suchen und Ringen um Liebe in der Wahrheit,[9] in Liebe und Vertrauen. Das „Wie", an dem Christen zu er-

---

6 Vgl. auch das „Motu proprio" des Papstes über die nötige Weiterentwicklung der Theologie, *Ad theologiam promovendam* (1.11.2023), in dem er die Theologinnen und Theologen zum „Umdenken", zu einer „mutigen Kulturrevolution" aufruft, um dialogfähig zu sein.

7 Dies gilt auch für „die weltweit aufkommenden Themen und Fragen – etwa nach der stärkeren Beteiligung der Frauen, der Zukunft des Priesterberufs, dem an die Gemeinschaft rückgebundenen Umgang mit Autorität oder der Weiterentwicklung der Sexuallehre", so die deutschen Synodenteilnehmer: https://www.dbk.de/presse/aktuelles/meldung/instrumentum-laboris-zur-weltsynode-in-rom-veroeffentlicht.

8 Piero Coda in: Sinodalità e partecipazione, hg. von Vincenzo Di Pilato, mit Beiträgen von Mario Kardinal Grech u. a., Rom 2023, 108.

9 Ein pointiertes Wort von Klaus Hemmerle, das viel darüber sagt, wie wir uns „der Wahrheit" annähern können, lautet: „Die Dinge sind nicht, wie sie sind, sondern wie sie geliebt sind" (zit. in: Menschliches und manches mehr, München 2018, Nr. 1).

kennen sein sollen, ist die Liebe (sogar untereinander, ist man bisweilen versucht zu sagen). Dies meint nicht ein konfliktscheues, harmoniesüchtiges „Seid-nett-zu-einander!". Es bedeutet Beieinander-Sein und -Bleiben „in seinem Namen", im Maßnehmen an und im Mühen um *seine* Liebe, die am Kreuz ihren höchsten Ausdruck gefunden hat.

III

Die Schwerpunkte, die Chiara Lubich beim Thema Sendung setzt, können in diesem Kontext in mancherlei Hinsicht dienlich sein, etwa …
– wie sie wieder und wieder „den Kern der Botschaft" in den Blick nimmt, ihn umkreist, benennt: Gott ist Liebe – und auch wir sind berufen zu lieben: den Nächsten wie uns selbst, einander;
– wie sie die Botschaft Jesu als ganzheitliche Botschaft für unser Leben und diese unsere Welt, für *alle* Menschen (und besonders die irgendwie Bedürftigen als Nagelprobe der Universalität) sieht;
– wie sie sich selbst einem immer weiteren Dialog geöffnet hat (ökumenisch, interreligiös, mit Menschen ohne religiöses Credo, mit der Kultur unserer Zeit);
– wie sie dabei alle, gleich welcher Berufung, auf je eigene Weise, aber *gleichermaßen* angefragt sieht;
– wie sie unermüdlich an das große Ziel erinnert: die vielgestaltige Einheit aller im dreieinen Gott[10], um ei-

---

10 „Alle sollen eins sein" (Johannes 17,21) war ihr großes Anliegen. Vgl. auch die grundlegende Aussage des Zweiten Vatikanischen Konzils über die Kirche, die „gleichsam das Sakrament, das heißt Zeichen und Werkzeug für die innigste Vereinigung mit Gott wie für die Einheit der ganzen Menschheit" ist (LG 1).

nige hervorstechende Punkte zu nennen. In dieser weiten Sicht der „Sendung" liegt zugleich eine Konzentration, eine Art synthetischer Blick auf die christliche Botschaft.

IV

Chiara Lubich entzieht sich einer simplen Ein- und Zuordnung. In der Art und Weise, wie sie selbst über Grenzen hinausgeführt wurde und sich Menschen anderer Konfession, Religion und Weltanschauung zuwandte, spiegelt sich, was seit dem Zweiten Vatikanischen Konzil als evangeliumsgemäße Öffnung der Kirche verstanden wird. Papst Franziskus spricht unentwegt vom „Hinausgehen", vom „Gehen an die Ränder". Die Sensibilität für die Armen, die hier mitgemeint ist, findet sich übrigens auch schon ganz am Anfang in der um Chiara entstehenden Gemeinschaft.

Chiaras Wunsch, bei aller Öffnung für andere zu ihrer katholischen Kirche zu stehen, ist unverkennbar. Manchmal hat das zu vorschnellen Vereinnahmungen geführt. Die Fokolar-Bewegung wird häufig den geistlichen Aufbrüchen oder den (sehr heterogenen) Neuen Geistlichen Gemeinschaften zugerechnet. Manchen gilt sie als brauchbare Gruppierung für eine nicht selten verengt verstandene „Neuevangelisierung" (es ist je zu prüfen, was eigentlich gemeint ist; Chiara hat sich öfter für das Anliegen starkgemacht, dabei aber spezifische Akzente gesetzt). – Daneben gab und gibt es auch ganz andere Etikettierungen und Anfragen. Schon in den 1940er-Jahren gab es Irritationen in katholischen Kreisen, weil da junge Frauen vom „Leben nach dem Evangelium" sprachen. Waren die noch katholisch? Chiara, die Trienter Katholikin, hat sich mit den Jahren und Jahrzehnten wie gesagt geöffnet für Angehörige anderer Religionen und Weltanschauungen, hat sich engagiert „für eine geeinte(re) Welt". Ist das nicht eine Verwässerung der „eigentlichen" Botschaft?, so manche besorgte Frage. Die hier zusammengestellten Texte könnten, so die Hoffnung, ein Beitrag sein, um Schubladen zu öffnen.

V

Im *Missionsverständnis* gibt es inzwischen konfessionsübergreifend weitestgehend Konsens: Druck darf es nicht (mehr) geben, auch nicht auf subtile Weise. Bekehren kann man immer nur sich selbst. Absichtslose Liebe verträgt sich nicht mit Mitgliederwerbung, und vermeintlich erfolgreiche „Missionierungen" oder Apostolatsmethoden können das schiere Gegenteil evangeliumsgemäßer Evangelisierung sein.[11] „Alles, was frei ist, ist im Keim bereits christlich", schrieb Chiara, ein Wort, das nicht ernst genug genommen werden kann und das auch Aufnahme in ihre „Geistlichen Schriften" gefunden hat (A1, 285). Denn wirklich bren-

---

11 Vgl. das bemerkenswerte Dokument *MissionRespekt: Christliches Zeugnis in einer mulireligiösen Welt* des Ökumenischen Rats der Kirchen, des Päpstlichen Rats für den Interreligiösen Dialog und der Weltweiten Evangelischen Allianz (2011), in dem es unter Punkt 6 heißt: „Wenn Christen/innen bei der Ausübung ihrer Mission zu unangemessenen Methoden wie Täuschung und Zwangsmitteln greifen, verraten sie das Evangelium" – und fügen Menschen oft schweres Leid zu. Das erstmalige gemeinsame ausdrückliche Bekenntnis zu Religionsfreiheit und respektvollem Dialog mit allen Menschen darf als Meilenstein gelten.

nen kann das Herz nur *auf dem Boden der Freiheit*. Nichts davon lässt sich verordnen: „Jetzt zeigt mal mehr Begeisterung!" wäre ein absurder Appell. Die Gefahr freilich, dass eigener „Feuereifer" zu Übereifer wird, der als Drängen und Druck erfahren wird, ist groß. Historisch-kulturelle Unterschiede kommen hinzu. „*Dobbiamo*", auf deutsch: „Wir müssen", „Wir sollten", das klingt in unseren Ohren schärfer als im Italienischen, jedenfalls nicht nach einer Einladung. Zudem kommt im gedruckten Wort alles liebevolle Werben im Klang der Stimme, wie ich es – dies zu sagen sei mir erlaubt – bei Chiara oft mitgehört habe, abhanden. Wie auch immer: Einander freilassen ist ein hohes, unabdingbares Gut. Jesus zwingt nicht; er lädt ein. Und selbst da, wo sich eine Frage eigentlich erübrigt, *fragt* er: „Was willst du, dass ich dir tue?" (Lukas 18,41).

Die Sensibilität für die Freiheit jedes Menschen scheint inzwischen vielerorts gewachsen – Gott sei Dank. Ob Einheit „echt" ist, ob sie im Sinne des *drei*faltigen Gottes ist, das erweist sich nicht zuletzt im Erleben, eins *und* frei zu sein.

VI

Ein tiefes Getroffen-Sein von der Liebe Gottes markiert den entscheidenden Anfang der Geschichte von Chiara. Sie hat daraus gelebt, hat „Gott, die Liebe" zu ihrem „Ideal" gemacht, hat ganz auf diese Karte gesetzt, in der Ausrichtung auf Jesus, in der Orientierung am „Evangelium", der Frohen Botschaft, so wie sie sich ihr erschloss. Und zwar nicht bloß für sich allein, sondern in der unmittelbaren Hinwendung zu anderen, in einem Miteinander, im Kommunizieren. – Vielleicht ist es wenig bewusst, aber eigentlich sind *sämtliche* Schriften von ihr, die (weitergegebenen!) Tagebuchaufzeichnungen, ihre Reden, Betrachtungen, Vorträge etc. „Verkündigung", Mitteilung einer Botschaft, einer lebendigen Erfahrung. Es ist die Kommunikation einer Frau, die ergriffen ist, die sich hineingenommen weiß in etwas Großes, Schönes, in eine Beziehungsdynamik mit dem lebendigen Gott und anderen Menschen.

Ein systematischer Überblick über das, was Chiara Lubich in mehr als sechs Jahrzehnten im Zusammenhang mit unserem Thema gesagt und initiiert hat, kann hier auch nicht ansatzweise gegeben werden; Entwicklungen können allenfalls angerissen werden.

VII

Zu den Entwicklungen gehören auch Modifikationen; manches hat Chiara später anders gesagt als zu Beginn. Eine systematische und/oder historische Untersuchung ist nicht Sinn und Zweck dieser Publikation. Die ausgewählten Texte möchten von dem sprechen, was sie selbst bewegte, und zwar ansetzend bei der Initialzündung ihrer „Entdeckung der Liebe Gottes", um von da aus spiralförmig zu entfalten, wie sich bei ihr die „Frohe Botschaft" widerspiegelt. Eingefügte Kommentare und Erläuterungen, auch eingestreute Zitate, vielfach von Papst Franziskus, möchten helfen, die Aktualität zu erfassen. Zu manchem müsste mehr gesagt werden, doch bei allen sehr bewussten

Defiziten und Grenzen in Auswahl, Aufbau und Aus-
gestaltung bleibt der Wunsch, dass dieser Überblick
dazu beitragen kann, eigene Wege weiterzugehen und
auf der Suche zu bleiben, gerade auch in Gemeinschaft
mit anderen.

Selbst wenn manches von Abbrüchen, Rückgängen,
„Nicht-mehr-..." spricht, so ist dies alles andere als das
Ende einer Botschaft, die selbst das Ende (am Kreuz)
aufzunehmen vermochte und vermag. Es ist christlicher Realismus, der nichts beschönigen muss: Scheitern und Kreuz müssen weder geleugnet noch verdrängt werden. Chiara Lubich und ihre kleine,
lebendige Gruppe wollten, wenn sie im Krieg gestorben wären, auf ihrem Grab den Satz stehen haben:
„Wir haben an die Liebe geglaubt." Ein Satz, aus dem
eine schier übermenschliche Kraft spricht: die Kraft
der Frohen Botschaft, die sich oft ganz anders Bahn
bricht, als wir zu denken gewohnt sind, auch „in kirchlichen Kreisen". Durchgangserfahrungen, überra-
schende Pascha-Übergänge vom Tod zum Leben gehören dazu: Es ist keine bloße Erfolgsgeschichte, schon
gar nicht eine lineare.

VIII

Der Blick auf „Ruf und Sendung heute", wie er sich
bei Chiara Lubich auftut, kann verdeutlichen, wie
viel ungenutztes, „ungelebtes" Potenzial in der Botschaft Jesu steckt. Es ist alles andere als eine Botschaft
von vorgestern für gestern. Im Gegenteil: Jesu Botschaft ist noch längst nicht eingeholt. Sie ist voller le-
bens- und weltverwandelnder Kraft. Sie geht weiter,

vielleicht anders als gedacht. Und sie *ist* weiter: ganzheitlicher, umfassender, auch weltlicher als oft gedacht. Wenn sie nicht *ver*weltlicht und nicht „verkirchlicht" wird, hat sie Potenzial für die Welt, für die die Kirche da ist, in die hinein sie gesandt ist. Simple Antworten sind nicht zu erwarten, aber Horizonte können sich öffnen. Diese Botschaft hat viel zu geben in einer Welt, in der die Zukunft und das Zusammenleben der Menschheit auf vielerlei Weise gefährdet sind, einer Welt, die nur im Miteinander von Kulturen und Religionen die Herausforderungen wird bestehen können und die doch oft so ganz anders agiert.

Unübertroffen formuliert das große Dokument des Zweiten Vatikanischen Konzils über „die Kirche in der Welt von heute" gleich zu Beginn: „Freude und Hoffnung, Trauer und Angst der Menschen von heute, besonders der Armen und Bedrängten aller Art, sind auch Freude und Hoffnung, Trauer und Angst der Jünger[12] Christi. Und es gibt nichts wahrhaft Menschliches, das nicht in ihren Herzen seinen Widerhall fände" (GS 1).

Im Herausgehen aus uns selbst, im Hinausgehen über uns finden wir uns: eine Dynamik, die immer weitergeht und weiterführt. Hin zu jener vielgestaltigen Einheit der Liebe, in die „Fülle des Lebens", die Jesus verheißen hat. In den Schriften von Chiara Lubich finden sich zahlreiche Anregungen, sich neu auf den Weg zu machen, mit *ihm* und hin zu *ihm*, der in vielen Gesichtern auf uns wartet.

Stefan Liesenfeld

---

12 Damals waren die Jüngerinnen selbstverständlich mitgemeint.

Ich bin gekommen,
um Feuer auf die Erde zu werfen.
Wie froh wäre ich,
es würde schon brennen!

Jesus (Lukas 12,49)

Daran werden alle erkennen,
dass ihr meine Jünger seid:
wenn ihr einander liebt.

Jesus (Johannes 13,35)

Alle sollen eins sein:
Wie du, Vater, in mir bist
und ich in dir bin,
sollen auch sie in uns sein,
damit die Welt glaubt,
dass du mich gesandt hast.

Jesus (Johannes 17,21)

* * *

In dir muss brennen,
was du in anderen entzünden willst.

Aurelius Augustinus

Editorische Hinweise: Die in kleinerer, serifenloser Schrift gesetzten erläuternden Texte stammen vom Herausgeber bzw. von anderen zitierten Autorinnen und Autoren.
Hinsichtlich des Genderns wurde ein Mittelweg versucht. Es wird um Nachsicht gebeten, wenn der eine oder die andere sich darin nicht wiederfindet.

Hinweise auf wichtige Texte von Chiara Lubich und manche Anregung verdankt diese Publikation dem 2023 im Verlag Città Nuova/Rom erschienenen Buch „Un annuncio che cambia la vita negli scritti di Chiara Lubich. A cura di Fabio Ciardi e Renata Simon", Rom 2023, kurz zitiert als „Ann".

WORUM ES GEHT
DER BOTSCHAFT AUF DER SPUR

„UNENDLICH GELIEBT!" –
EINE VIELSAGENDE INITIALZÜNDUNG

Was ist eigentlich die Botschaft, um deren Weitergabe es geht? Was soll da vermittelt werden? Eine Vergewisserung tut not, gerade heute. Chiara Lubich hat nicht bei katechetischen, dogmatischen oder bibelwissenschaftlichen Studien angesetzt (ohne dass sie solches geringgeschätzt hätte). Die „Botschaft", die ihr Leben verändert hat, war ein Satz eines Priesters, der sie, gerade einmal 23 Jahre alt, mitten im Zweiten Weltkrieg ins Mark getroffen hat: „Gott liebt dich unendlich!" Ein Wort, in dem die Frohe Botschaft von der Liebe Gottes („Evangelium") in einer zwischenmenschlichen Begegnung einen Menschen ganz persönlich erreicht – nicht so sehr den Kopf, sondern das Herz. „Es traf mich wie ein Blitz", schreibt Chiara im Nachhinein. Beim genaueren Hinsehen zeigen sich interessante Elemente; vieles blitzt auf, um im Bild zu bleiben, was voraus- und tiefer weist auf Aspekte, die wir später entfalten werden. Chiara berichtet:

Es traf mich wie ein Blitz: „Gott liebt mich unendlich!" … Von dem Augenblick an entdeckte ich ihn und seine Liebe überall: am Tag und in den Nächten, in den inneren Aufschwüngen, in meinen Vorsätzen, in freudigen und ermutigenden Ereignissen, in traurigen, schwierigen und heiklen Situationen.

Immer und überall ist er da und lässt mich verstehen, dass alles Liebe ist: was ich bin und was mir widerfährt, was wir sind und was uns betrifft. Er gab mir zu verstehen, dass ich seine Tochter bin und er mein Vater ist. Nichts entgeht seiner Liebe, auch nicht die Fehler, die ich begehe, denn er lässt sie zu. Seine Liebe umgreift ebenso wie mich alle Christen, die Kirche, die Welt, das ganze Universum.[13]

Was auffällt: Es geht ihr, es geht *hier* nicht um eine bloß subjektive Erfahrung, nicht um momentane persönliche Gefühle. Es geht um *Gott, der Liebe ist*. Nicht als abstrakter Glaubenssatz, sondern als Wort mit einer geradezu verblüffenden Lebensrelevanz: Es betreffe, schreibt Chiara, „alles": „was ich bin und was mir widerfährt, was wir sind und was uns betrifft" – in Dimensionen, die weiter nicht sein könnten: Kirche, Welt, Universum. Deshalb drängt es Chiara gleich zum „Weitergeben": Wenn das wahr ist, dass wir ganz persönlich, dass alle Menschen, dass die Erde und das All gewollt und geliebt sind, dann kann das nicht verschwiegen werden. Es ist keine „gelernte Lehre", sondern eine neue Wahrnehmung dessen, was ist: Alles ist umfangen, getragen von einem Geheimnis, das Liebe ist. „In ihm leben wir, bewegen wir uns und sind wir", heißt es in der Apostelgeschichte 17,21).[14]

Wo einem das aufgeht, geht der Mund wie von selbst davon über. Chiara sagt es ihren Freundinnen. Diese Erfahrung/ Entdeckung/Botschaft weiterzugeben wird zum „Sinn ihres Lebens":

---

13 Bei einer Begegnung mit Bischöfen, Rocca di Papa, 13.2.1979, zit. in: Marisa Cerini, Dio Amore nell'esperienza e nel pensiero di Chiara Lubich, Rom 1991, 16, im Folgenden zit. als „Cerini". Vgl. Sehnsucht, 14.

14 Dies hat eine mystische Dimension im Sinne des berühmten Rahner-Wortes, der Christ der Zukunft werde ein Mystiker sein, einer, der etwas erfahren hat, oder er werde nicht mehr sein. – Interessant ist auch, dass Chiara ihre tiefe mystische Erfahrung der Jahre 1949/50 gleich zu Beginn als ein Wahrnehmen der *Verortung in Gott* begriff: „Aber weißt du, wo wir sind?", fragte sie in innerer Ergriffenheit den anwesenden Igino Giordani, vgl. Tobler, 78.

Gott liebt mich unendlich! Ich sage es, wiederhole es meinen Gefährtinnen: Gott liebt dich unendlich. Gott liebt uns unendlich … Das ist unsere große, unsere enorme „Entdeckung" … Wir glauben an die Liebe: Das ist unser neues Leben. Cerini, 16f

Wenn ich in wenigen Worten den Sinn meines Lebens zusammenfassen sollte, würde ich sagen: Ich liebe Gott und möchte ihn so lieben, wie er noch nie zuvor geliebt worden ist. Ich setze mich dafür ein, dass er geliebt wird … Was immer in meinem Leben geschehen mag … – ich habe nur einen Wunsch, eine Leidenschaft: *Die Liebe soll geliebt werden*. Sehnsucht, 39

Niemals dachten wir daran, „Apostolat zu machen". Dieser Begriff gefiel uns nicht; er war missbraucht, verunstaltet. Wir wollten nur lieben, um ihn [Gott] zu lieben. Und sehr bald merkten wir, dass dies das wahre Apostolat ist.[15]

Unser „Apostolat" kann im Grunde nichts anderes sein als die Ausstrahlung unserer Liebe zu Gott. Beten, 29f

---

15 So in einem Gespräch mit dem Schriftsteller und Politiker Igino Giordani im September 1948 im Parlament in Rom, das er in der von ihm herausgegebenen Zeitschrift „Fides" wiedergab; zit. in: Igino Giordani, Storia del nascente Movimento dei Focolari, 46f.

Es war ein Priester, der Chiara sagte, Gott liebe sie unendlich. Zuvor hatte er sie gefragt, ob sie eine Stunde „in seinen Anliegen" tätig sein könne. Die Frage erschien ihr offenbar völlig unpassend, wie ihre spontane Entgegnung zeigt:

Ein Priester … bat mich, eine Stunde am Tag für seine Anliegen zu opfern. Ich antwortete: „Warum nicht den ganzen Tag?"

Beeindruckt von dieser jugendlichen Großzügigkeit der Jugend (…), sagt er mir: „Vergiss nicht: Gott liebt dich unendlich!"

Cerini, 16f

„… den ganzen Tag": Wo Gott einen Menschen ergreift, kann dieser das Leben nicht mehr aufspalten in „fromme", in „kirchliche", in „apostolisch-missionarische" Betätigungen und „bloß weltliche" Tätigkeiten. Ein ungeteiltes Leben mit und für Gott wird als Ganzes „Zeugnis". Vielleicht liegt hier ein Schlüssel, um den oft beklagten Bruch zwischen Kirche und Kultur (im weitesten Sinne) zu begreifen und zu überwinden?

Bevor Chiara in neuer Tiefe aufging, dass Gott sie so immens liebt, hatte sie bereits für Gott leben wollen. Daher ihre großzügige Antwort, in der jener Priester ein Zeichen der großen Liebe Gottes zu ihr sah: Gott wirkt in einem Menschen so sehr, dass er ihn einbezieht, zum „Mitakteur" macht.

Dass Chiara *zugesprochen* wurde: „Gott liebt dich unendlich!", hier von einem Priester, einem Vertreter der Kirche, zeigt: Ihr Erlebnis steht in einem Traditionsprozess, ist Teil der großen Geschichte Gottes mit den Menschen, mit seinem Volk aus allen Völkern. Für Chiara hatte das Eingebundensein in die große Gemeinschaft des Gottesvolks elementare Bedeutung. Wer die Botschaft weitergibt, hat sie zuvor selbst empfangen. Bereits Paulus schreibt: „Ich habe euch überliefert, was auch ich empfangen habe" (1 Korinther 15,3). Die je neu empfangene Frohe Botschaft ist zu allen Zeiten aktuell und etwas Einzigartiges, wie Chiara auch „für sich" entdeckt – beim Lesen in der Heiligen Schrift, insbesondere im Neuen Testament, in den Evangelien.[16] Bei Bombenalarm hatten sie und ihre Freundinnen im schützenden Keller eine kleine Ausgabe des Neuen Testaments dabei; sie lasen, ließen sich innerlich treffen und versuchten das Verstandene ins Leben umzusetzen:

Ohne Zweifel war und ist das Evangelium das grundlegende Buch meines Lebens. Durch eine besondere Gnade Gottes habe ich es vor vielen Jahren für mich entdeckt … Es war ein starker Eindruck: Im Unterschied zu vielen anderen Büchern auch geistlichen Inhalts, die ich kannte, entdeckte ich im Evangelium Worte mit Ewigkeitswert, Worte, die für jede Zeit gelten, voller Licht … Man kann sie ins eigene Leben übertragen; jeder kann sie leben: Groß oder Klein, Einheimische oder Fremde, egal, welche Sprache jemand spricht … Das Evangelium ist reich an Verheißungen, die sich, wenn man sie im Glauben aufnimmt, erfüllen. Sehnsucht, 301

Wobei Letzteres, dass sich die Verheißungen erfüllen, nicht oberflächlich zu verstehen ist. Um es mit Dietrich Bonhoeffer zu sagen: „Nicht alle unsere Wünsche, aber alle seine Verheißungen erfüllt Gott" (DBW 8, 569).

---

16 Oft ist mit „Evangelium" in Chiara Lubichs Schriften das Neue gemeint, das mit Jesus gekommen ist; das ganze Neue Testament ist mitgemeint, und weil der Neue Bund den Ersten Bund nicht aufhebt, auch Gottes Wort im Alten Testament.

Ungewöhnlich in den 1940er-Jahren und bis heute wohl immer noch wenig bewusst: Die Aufgabe, die Botschaft von der Liebe Gottes weiterzutragen, ist keineswegs Priestern, Bischöfen, Hauptamtlichen vorbehalten, wie klerikalistische Engführungen, die Papst Franziskus so oft beklagt, fälschlich nahelegen könnten. Die Weitergabe der Botschaft kann nicht delegiert werden an Spezialisten – zumal auch die Theologie auf neue Weise das ganze Gottesvolk und seinen „Glaubenssinn" einzubeziehen hat.[17]

Es war eine 23-jährige junge Frau, eine „Laiin", um es mit diesem unschönen Wort zu sagen, die zusammen mit anderen jungen Christinnen und dann auch Christen aus „weltlichen Berufen" alles darangesetzt hat, dass diese Botschaft Kreise zog. Und zwar mit einem Feuereifer, einem Impetus, der aus der Distanz manchmal schwer nachvollziehbar ist. In Chiaras Werben, ja Drängen scheint jedenfalls ihre Überwältigung von etwas sehr Schönem, Tiefem durch, das sie jedem wünscht. So auch in Vorträgen, in Gesprächen und Briefen jener Jahre, in denen sie unterschiedlichste Adressaten, Laien, auch Ordenschristen und Priester einlädt, „Künder der Frohen Botschaft" zu werden. Hier als Beispiel ein Auszug aus einem dieser feurigen Briefe:

Auch mit dir hat Gott seinen Plan der Liebe! Auch du bist zu etwas Großem in deinem Leben berufen ... Wenn dir doch bewusst wäre, wen du in dir trägst! ... Wenn du doch dieses kurze Dasein, das so schnell vergeht und mit jedem Tag ein wenig mehr entflieht, auf Gott ausrichten würdest ... – dann würdest du dich in Gott verlieben und durch die Welt gehen als Künder der Frohen Botschaft.[18]

---

17 Vgl. „Ad theologiam promovendam", s. o. S. 14, Anm. 6.
18 Chiara Lubich, in: La dottrina spirituale, Rom 2006, 104.

Was leicht übersehen werden kann: Diese Botschaft, dass Gott eine jede, einen jeden unendlich liebt, passt eigentlich überhaupt nicht zu den Begleitumständen. Es tobt der Zweite Weltkrieg. Auch Trient, Chiaras Heimatstadt, ist schwer betroffen. Die Botschaft von der Liebe Gottes ist nicht die Schlussfolgerung von Menschen, „mit denen es das Leben gut gemeint hat". Sie greift tiefer. Selbst noch so schmerzliche Umstände – im eigenen Leben, in der Gesellschaft, in der Welt – können diese Liebe nicht widerlegen. *Dass* Gott „Liebe" ist und *wie* Gott „Liebe" ist, das macht Chiara mit der frühesten christlichen Tradition an der Hingabe Jesu am Kreuz fest, die ihn bis in die Gottverlassenheit hineingeführt hat. „Nichts entgeht seiner Liebe" – denn er hat unser Leben bis in die tiefsten Abgründe geteilt.

Abgründe haben auch Chiara und ihre Gefährtinnen durchlebt. Träume und Hoffnungen zerbarsten unter den Bomben. *Alles brach zusammen, Gott allein bleibt, Gott, die Liebe.* Er sollte ihr Ein und Alles sein, ihr „Ideal": Diese Erkenntnis im Angesicht des Grauens wurde fester Bestandteil der Erzählung von der „Anfangszeit", ein Kernelement ihrer, wenn man es so nennen will, „Verkündigung" – bei vielen Gelegenheiten, ihr Leben lang. Sie selbst reflektiert:

Ein Brief aus dem Jahr 1944, der die Atmosphäre jener ersten Monate nachempfinden lässt, beschreibt, wie Gott mit seiner Liebe in unser Leben eintrat: Wie Licht und Feuer brach er über uns herein. Man erahnt bereits die tiefe Verbindung, die diese Erfahrung unter uns bewirken sollte: „Du bist mit mir geblendet worden von dem feurigen Licht eines Ideals, das alles in sich zusammenfasst und übertrifft: der unendlichen Liebe Gottes! Er, mein und dein Gott, hat zwischen uns eine Verbindung hergestellt, die stärker ist als der Tod." Gott, der die Liebe ist, ist der lebendige Ursprung jener Einheit, die wir zu leben und zu verbreiten gerufen sind, um beizutragen zur Verwirklichung des Testaments Jesu. Gott hat uns seine Liebe erkennen lassen; der Glaube an diese Liebe Gottes ist der erste Grundzug unserer Spiritualität: „Wir haben die Liebe, die Gott zu uns hat, erkannt und gläubig angenommen" (1 Johannes 4,16)."

Weg, 20

Gott will mit seiner Liebe alles und alle erfassen, verwandeln, bis in die gottfernsten Winkel, in alle Not, Sünde, in alles Leid hinein. Am Kreuz hat Jesus alle umfangen und unterfangen: „Einheit" und Jesus, der sich aus Liebe hingibt bis in die Gottverlassenheit hinein, das sind für Chiara zwei Seiten einer einzigen Medaille:

Das Buch des Lichts, das der Herr in meiner Seele schreibt, hat zwei Seiten: eine leuchtende Seite voll geheimnisvoller Liebe, die Einheit. Und eine Seite, die von einem geheimnisvollen Schmerz erhellt wird, Jesus der Verlassene. Es sind wie zwei Seiten einer einzigen Medaille."

Der verlassene Jesus, 41

Eine Schlüsselerfahrung von Chiara war, dass in der Einheit untereinander „eine göttliche Präsenz" spürbar wird: Jesus, der den Seinen seine Gegenwart verheißen hat. In dem erwähnten Fides-Artikel (Anm. 16) lässt Giordani Chiara zu Wort kommen:

Wo zwei oder drei in seinem [Jesu] Namen vereint sind, da ist er mitten unter ihnen [vgl. Matthäus 18,20]. Wir spürten sie, diese seine göttliche Präsenz, immer dann, wenn die Einheit unter uns über unsere widerspenstige Natur triumphierte ...: die Präsenz seines Lichtes, seiner Liebe, seiner Kraft. Jesus unter uns.

Die Liebe wollten sie lieben – und es entstand ... eine Gemeinschaft! „Ich bin gekommen, um Feuer auf die Erde zu werfen. Wie froh wäre ich, es würde schon brennen!" (Lukas 12,49), war ein Wort Jesu, das sie miteinander regelrecht „entflammt" habe, schreibt Chiara in einem Brief jener Jahre; ein anderes: „Bleibt in meiner Liebe" (Johannes 15,9).[19] Das Feuer der Liebe zu bringen, das „Leben des Himmels" – überall, für alle, dazu, so Chiara, war Jesus gesandt.[20] Dieses Feuer soll auch uns erfassen:

Christus Raum geben, ihn in anderen wachsen lassen, *wie er Träger des Feuers werden*. Alle vereinen, und in allen den Einen leben lassen ... Nichts, was wir tun, hat Wert, wenn es nicht getragen ist von der Liebe zu den Brüdern und Schwestern. Denn Gott ist Vater; im Herzen hat er immer und einzig die Kinder. A1, 33

„... im Herzen hat er immer und einzig die Kinder" – mit einer Vorliebe für die Ausgegrenzten, für Menschen in irgendeiner

---

19 Vgl. Ann, 21.
20 Vgl. Chiara Lubich, Kommentar zu Lukas 12,49 („Wort des Lebens", in: NSt (8/1989).

Not. Besuche in den Trienter Armenvierteln, die Einladung Bedürftiger an ihren Tisch, das Organisieren benötigter Kleidung ..., all das war für Chiara und ihre Freundinnen selbstverständlicher Bestandteil eines evangeliumsgemäßen Lebens. Auch das *ist* Evangelisierung: Liebe, die ankommt. In einem Reim hat Chiara es auf den Punkt gebracht:

L'amore non è completo se non è concreto! – Wenn die Liebe nicht konkret ist, fehlt ihr etwas!

* * *

Was hier ausgehend von jener „Initialzündung" Chiaras in den 1940er-Jahren angerissen wurde, soll im Folgenden aus verschiedenen Perspektiven ausgefaltet werden. Sehr deutlich hat sich schon am Anfang gezeigt: Weitergeben, Weitertragen der Botschaft (Evangelisierung, Apostolat, missionarisches Engagement, Verkündigung etc.) ist bei Chiara zunächst einmal ein, fast könnte man sagen: automatischer Nebeneffekt eines Lebens in und mit Christus, in der Ausrichtung an seinem Wort, an seiner Botschaft. Dann strahlt seine göttlich-menschliche Liebe aus, drängt von selbst nach außen. Denn gerade das ist es, was wir, unsere Welt bewusst oder unbewusst so sehr brauchen: Liebe.

„Allein dank der Begegnung – oder Wiederbegegnung – mit der Liebe Gottes, die zu einer glücklichen Freundschaft wird, werden wir von unserer abgeschotteten Geisteshaltung und aus unserer Selbstbezogenheit erlöst. (...) Die Freude aus dem Evangelium hat immer die Dynamik des Aufbruchs."
Papst Franziskus, Evangelii gaudium, 8.21

„Es ist dringend notwendig, heute die Liebe Gottes zu verkünden, gerade weil die Menschheit Formen des Schmerzes in tausend Gesichtern durchlebt."
Margaret Karram (in: Ann, 6f)

JESU BOTSCHAFT WIDERSPIEGELN:
FEUER, LICHT, LIEBE UND BARMHERZIGKEIT

„Die Zeit ist erfüllt, das Reich Gottes ist nahe.
Kehrt um und glaubt an das Evangelium."

Markus 1,15

Dem „Evangelium" wollte Chiara Lubich folgen; Gott war ihr „Ideal". Ihre „Botschaft" sollte nichts anderes sein als die Frohe Botschaft, die Jesus als Gesandter des Vaters gebracht hat: eine Botschaft, die Glück und Frieden, Erfüllung und Leben in Fülle beinhaltet. Gott ist nahe! Nicht als rächender, strafender Richter, sondern als barmherzige Liebe. Programmatisch Jesu Wort zu Beginn des Markusevangeliums: „Die Zeit ist erfüllt, das Reich Gottes ist nahe. Kehrt um und glaubt an das Evangelium" (Markus 1,15).

In Erzählungen, Gleichnissen, im Dasein für Menschen in Not bringt Jesus diese gute, frohe Botschaft Gottes. Überzeugend durch und durch, wenn auch für manche auf skandalöse, unerhörte Weise. Denn Jesus sprengt Grenzen: Grenzen einer rigiden, engen Auslegung des „Gesetzes", weil es doch „für den Menschen" da ist (vgl. Markus 2,27); er macht Schluss mit Ausgrenzungen von Aussätzigen und „Sünderinnen" und „Sündern"; er überwindet Abgrenzungen von Anhängern eines „verkehrten" Glaubens. Die Evangelien sind voll von solchen Beispielen einer neuen Mentalität, einer radikalen Ausrichtung auf die Liebe zu jedem Menschen, wer immer er sei.

In ihrem Bemühen um „ein Leben nach dem Evangelium" springt Chiara besonders die Universalität der Liebe ins Auge, die umdenken lässt:

In Jesus ist die Liebe Gottes Mensch geworden und hat zu uns gesprochen. Jesus im Wort entdecken bedeutet, die Liebe darin zu entdecken.

Das Evangelium bewirkt einen tiefgreifenden Wandel, es schafft eine neue Mentalität. Es verbindet Menschen unterschiedlichster Herkunft, Menschen aus allen Kontinenten. Sie lernen Situationen und Ereignisse, Menschen und die Gesellschaft im Licht des Evangeliums zu sehen. Aus Bürgern dieser Welt werden „Bürger des Himmels", in Christus erneuerte Menschen.   Gottes Wort, 28

Wir lebten ein Wort der Schrift nach dem anderen und stellten fest: Egal, welches Wort wir in die Praxis umsetzten, die Wirkung war immer dieselbe. Zum Beispiel „Selig, die ein reines Herz haben …"; „Selig, die arm sind vor Gott …"; „Selig, die keine Gewalt anwenden" (Matthäus 5,3ff); „Du sollst deinen Nächsten lieben wie dich selbst" (22,39); „Alles, was ihr von anderen erwartet, das tut auch ihnen" (7,12) – immer war die Wirkung dieselbe. Die Worte der Schrift sind, auch wenn sie in menschlichen Begriffen und verschieden ausgedrückt werden, Wort Gottes. Und da Gott die Liebe ist, sind sie Ausdruck der Liebe … Wenn eines dieser Worte in unser Herz fiel, schien uns, dass es sich in Feuer, Flammen, in Liebe verwandelte.   Essere tua Parola, 29f

Jesu Wort, er sei gekommen, „um Feuer auf die Erde zu werfen" (Lukas 12,49), bezieht sich, so Chiara, auf das „göttliche Leben", das zu bringen er gesandt war. In einem Kommentar zu diesem Vers schreibt sie:

Ich bin gekommen, um Feuer auf die Erde zu werfen" – das zeigt zum einen: Jesus ist sich bewusst, dass seine Botschaft ein unschätzbares Geschenk ist, eine Kraft, die dazu bestimmt ist, die Welt zu verändern, und der nichts widerstehen kann. Zum andern zeigt es seinen sehnlichen Wunsch, dass sie sich wie ein Feuer verbreitet. So verstehen wir besser seine Entschlossenheit, seine Eile, seinen unermüdlichen Einsatz, sein Umherziehen von Dorf zu Dorf, in Stadt und Land, zu Arm und Reich, in Synagogen und in den Tempel. Alle wollte er erreichen, keine Gelegenheit ließ er aus, um sein Evangelium zu bringen. WdL 8/1989, in: NSt 8/1989

Harmlos ist die Liebe, die Jesus gebracht hat, keineswegs. Sie ist u. U. sehr unbequem, weil sie gängige Verhaltensweisen, Egoismen, Ehrsucht, Selbstgerechtigkeit etc. radikal infrage stellt. Weil sie den Einzelnen, besonders die Bedürftigen sieht. Weil sie alle umfasst und ihrerseits „entflammen" will, uns selbst zuerst. Er will uns ja in seine Sendung einbeziehen, damit wir – wie er, der als „Licht" gekommen ist – das Licht der Liebe verbreiten (vgl. Johannes 1,9; Matthäus 5,14f).

Das Feuer, das Jesus auf die Erde brachte, ist er selbst, die Liebe: eine Liebe, die nicht nur den Einzelnen mit Gott verbindet, sondern auch die

Menschen untereinander. Wo solch ein göttliches Feuer brennt, lebt Gott in Menschen, die sich ihm geschenkt haben. Sie sind eins mit ihm und untereinander ... Solche Menschen brauchen keine Heiligen zu sein, sonst hätte Jesus es gesagt; es genügt, dass sie im Namen Jesu vereint sind ... Jedes kleine Feuer, das Gott irgendwo auf der Erde entzündet, breitet sich unwillkürlich aus ... – und an vielen Orten werden Menschen durch die Wärme seiner Liebe aufleben und neue Hoffnung schöpfen. A1, 53f

Liebe integriert, macht „heil", lässt aufblühen wie die Frühlingssonne ...

Hast du nie beobachtet, wie unter den Strahlen der Sonne auf einer verlassenen Straße junges Grün hervorsprießt und unaufhaltsam das Leben neu erblüht? So ist es mit den Menschen neben dir, wenn du sie nicht mehr mit den Augen der Welt anschaust, sondern sie aufrichtest mit der göttlichen Kraft der Liebe. Gottes Liebe ist in dir wie eine Sonne, die unaufhörlich Leben neu erblühen lässt; sie ist, um es mit einem anderen Bild zu sagen, der lebendige Eckstein, der dein Leben trägt. Es ist diese Liebe, die die Welt zu heilen vermag ... A1, 58

Das Wort Gottes bewirkt nichts in uns, wenn wir es nicht leben. Aber wenn wir es leben, wirkt es Wunder. Es verändert von Grund auf unsere Denkweise, unser Wollen und Handeln. Wenn wir das Wort Gottes leben, leben nicht mehr wir, sondern Christus lebt in uns. Und das ist eine regelrechte Revolution! Mit den Gen, 77

Es gibt ein Geheimnis, damit das Feuer Christi um sich greifen kann ... Wer sich auf das Abenteuer des Christseins einlässt, muss aus jedem Hindernis ein Sprungbrett machen ... Wenn uns ein Kreuz auferlegt wird, wollen wir *ihm* unser Ja sagen. Dann gilt es den nächsten Augenblick voll und ganz zu leben. Denken wir nicht an uns und unser Leid, sondern an das der anderen, teilen wir ihre Freuden, tragen wir ihre Lasten mit und erfüllen wir unsere Pflichten. Da sich auch darin Gottes Wille zeigt, widmen wir ihnen unsere ganze Aufmerksamkeit ... Das ist das kleine Geheimnis, mit dem wir Stein um Stein an der Stadt Gottes bauen, in uns und unter uns. A1, 54f

„Es ist gar kein Lesewort in der Bibel, wie die Leute meinen, sondern eitel Lebewort in ihr, das nicht zu Denken und Dichten, sondern zum Tun da ist."

Martin Luther

Jesu Botschaft setzt neue Prioritäten. Sie weckt tiefes Vertrauen, einen neuen *Glauben* an die Liebe. „Wir haben an die Liebe geglaubt", wollten Chiara und ihre Gefährtinnen, sollten sie im Krieg umkommen, auf ihrem Grabstein stehen haben.

Chiara spricht von einem „Licht", das sie als Geschenk erfuhr. Im Licht dieser Liebe sieht alles anders aus. Diese Liebe lässt sich nicht entmutigen durch eine oft von Gleichgültigkeit, Armut, Unsicherheit und Krieg geprägte Welt, sondern fühlt sich dahinein gesandt: in eine Welt, die die „Zärtlichkeiten Gottes" und das „Zeugnis" von einem Gott braucht, der „uns zuerst geliebt hat, der den ersten Schritt getan hat und von dem die Liebe ausgeht" (Papst Franziskus, Santa Marta, 8.1.2019). Sie braucht Menschen, die ihn selbst, die seine Wärme, sein Licht bringen:

Den anderen Menschen Gott bringen können nur jene, in denen er lebt, und er lebt in denen, die ihn lieben. Solche Menschen sind wie kleine Sonnen in einer oft dunklen, oberflächlichen Welt; sie weisen vielen den Weg und strahlen Wärme aus … Denn ihr Leben gehört ganz dem Herrn; nicht mehr sie reden, sondern er; nicht mehr sie leben, sondern er in ihnen. A1, 250

Ein Christ kann nicht der Welt entfliehen, sich verstecken oder den Glauben als Privatangelegenheit betrachten. Er lebt in der Welt, denn er hat eine Verantwortung im Hinblick auf alle Menschen: Er soll Licht sein. … Die Aufgabe des Christen besteht also darin, das Licht, das in ihm wohnt, durchscheinen zu lassen; der Christ soll „Zeichen" der Gegenwart Gottes unter den Menschen sein. WdL, in: NSt 8/1979

In einem Kamin muss das Feuer manchmal geschürt werden, um die glühenden Holzscheite von der Asche zu befreien ... So muss auch das Feuer der gegenseitigen Liebe von Zeit zu Zeit geschürt werden; wir müssen die Beziehungen untereinander verlebendigen, damit sich die Asche der Gleichgültigkeit, der Teilnahmslosigkeit und des Egoismus nicht darüber legt.   Cercando, 96f

Das Wort Gottes bewahrt das Feuer, das Gnade und Liebe in uns entzündet haben, und hält es am Brennen. Es schützt ..., vor allem aber führt es aus einer Verteidigungshaltung zu einer Haltung, die andere Menschen zu gewinnen vermag.   A1, 263

Der Volksmund nannte die um Chiara entstehende Gemeinschaft nicht von ungefähr „focolare" (Feuerstätte, ein Ort der Wärme und der Geborgenheit). – *Feuer, Licht, Leben, Liebe* erscheinen wie eine Verschlagwortung der Botschaft Jesu. Um noch einmal den ersten Johannesbrief zu zitieren: „Was von Anfang an war, was wir gehört haben, was wir mit unseren Augen gesehen, was wir geschaut und was unsere Hände angefasst haben, das verkünden wir: das Wort des *Lebens*. Denn *das Leben* wurde offenbart ... Das ist die Botschaft, die wir von ihm [Jesus Christus] gehört haben und euch verkünden: Gott ist *Licht* ..." (1 Johannes 1,1-5); „Gott ist *Liebe*" (4,8.16).

„Wenn durch einen Menschen ein wenig mehr Liebe und Güte, ein wenig mehr Licht und Wahrheit in der Welt war, dann hat sein Leben einen Sinn gehabt."
                                        Alfred Delp

Alle im Blick

Nicht für die Gesunden, nicht für die Gerechten sei er gekommen, sondern für die Kranken, für die Sünder, sagt Jesus (vgl. Markus 2,17): Gerade so zeigt sich die Universalität der Liebe Gottes, der seine Sonne „über Bösen und Guten" aufgehen und regnen lässt „über Gerechte und Ungerechte" (Matthäus 5,45). *Für alle*, das hat zunächst eine soziologische Dimension: Niemand, keine Gruppe, keine „Kategorie", keine Schicht, kein Milieu ist ausgeschlossen. „Für alle", das hat sodann eine geografische Dimension: für „alle Welt", „alle Völker", „bis an die Grenzen der Erde".[21] Hier soll zunächst die erste Bedeutung der Stoßrichtung von „Alle lieben" in den Blick kommen. Es ist kein unrealistisch-überfordernder Appell, dieselben liebevollen Gefühle für alle zu entwickeln, sondern eine Einladung, Blick und Herz zu weiten: Es ist die Konsequenz der unverhandelbaren Einsicht, dass *jeder* Mensch *Mensch* ist und als solcher zu sehen und zu behandeln ist – als „Kind des einen Vaters":

Jesus, der uns Vorbild ist, hat uns ein Zweifaches verstehen lassen, das untrennbar zusammengehört: Wir sind Kinder eines Vaters und untereinander Geschwister. Richten wir also unseren Blick auf den einen Vater der vielen Kinder. Und sehen wir die Menschen als Kinder dieses einen Vaters. Sehnsucht, 182

„Universalistische Empathie", so stellt die Trägerin des Friedenspreises des Deutschen Buchhandels Carolin Emcke fest, „verträgt keine Lücken." Wenn sie sich „nur denen einfühlen" wolle, „die einem ähnlich sind oder vertraut, ist sie ethisch verstümmelt ... Sie ist voraussetzungslos": Nie und nimmer dürfen wir „verhandeln, wer als Mensch zählt" (in: Süddeutsche Zeitung, 21./22.10.2023, 6).

---

21 Vgl. hierzu unten S. 81.

Echt ist eine universale Liebe nur dann, wenn sie den je Nächsten nicht übersieht:

Darin besteht das Gleichgewicht christlicher Liebe: sich persönlich dem Einzelnen zuwenden, der in unserer Nähe ist, und an dem Platz, an dem wir stehen, uns tatkräftig einsetzen für die ganze Kirche und die gesamte Menschheit. A1, 278

Wie von Millionen Hostien auf der Erde eine einzige genügt, damit wir uns von Gott nähren, so genügt ein Mensch – der Bruder oder die Schwester, die der Wille Gottes neben uns stellt – um mit dem Mystischen Leib Christi, mit der ganzen Menschheit zu kommunizieren. Und in Gemeinschaft mit dem Nächsten treten ist das zweite Gebot, jenes, das unmittelbar nach der Gottesliebe kommt und ihr Ausdruck ist. A1, 15

Die Liebe erfordert einen achtsamen, nüchtern-empathischen Blick für das, was der Einzelne braucht, anders gesagt: „ein Sehen wie mit Jesu Augen":

Christus sieht auch heute wieder Blinde, denen er das Augenlicht geben will; Stumme, denen er die Sprache, und Lahme, denen er die Beweglichkeit geben will. Blinde, die nicht fähig sind, Gott in sich und um sich herum wahrzunehmen; Stumme, die das Wort Gottes, obgleich es in ihnen spricht, den anderen nicht weitergeben, wodurch sie ihnen doch den Zugang zur Wahrheit eröffnen könnten; Lahme, die den göttlichen Willen nicht erkennen, der sie vom Innersten ihres Herzens her zur ewigen Bewegung drängt, zur ewigen Liebe, dorthin, wo man selbst Feuer fängt, wenn man es anderen weitergibt.

Oktober 1949(?), zit. nach: Aretz (Hg.), 71, vgl. unten S. 211–216

Das Herz weit machen nach dem Maß des Herzens Jesu: welch eine Aufgabe! Die einzig notwendige. Ist sie getan, ist alles getan.

Es geht darum, jeden Menschen, dem wir begegnen, so zu lieben, wie Gott ihn liebt. Und weil wir in Raum und Zeit leben, lieben wir einen Nächsten nach dem andern, ohne in Gedanken noch bei denen zu sein, denen wir gerade zuvor begegnet sind; in allen lieben wir ja ein- und denselben Christus … Um rein zu sein, brauchen wir dem Herzen nichts „wegzunehmen"; wir brauchen die Liebe nicht zu unterdrücken. Im Gegenteil: Es geht darum, dass wir unser Herz so weit machen wie das Herz Jesu und *alle* lieben.

A1, 15

Die Barmherzigkeit macht das Herz weit … Sie versteht es, den Nächsten aufzunehmen, jeden Nächsten, ob Freund, Freundin, Bruder, Schwester oder Fremder … Sie hört nicht auf zu verzeihen. Diese Form der Liebe bereitet dem heimgekehrten Sünder ein größeres Fest als 99 Gerechten. Sie misst nicht und wird nicht gemessen. Die Liebe wächst …, man beginnt wie Jesus zu empfinden und versteht sein Wort: „Ich habe Mitleid mit diesen Menschen" (Matthäus 15,32). A1, 49

Jesu Blick ist wohlwollend. Er verurteilt nicht, richtet nicht.[22] Es ist ein Blick, der alle Menschen als vom gemeinsamen Vater geliebte Geschwister sehen lässt, alle, das heißt heute: gleich aus welchem gesellschaftlichen Milieu, welcher Hautfarbe und Herkunft, welchen Geschlechts, welcher geschlechtlichen Orientierung und Identität[23] etc. Da, wo wir zu Grenzziehungen tendieren, zeigt sich die unbequeme, je größere Weite der Botschaft. Vermeintlich frommes Schubladendenken ist aufzubrechen, eben weil *alle* Menschen in all ihrer Verschiedenheit „Kinder desselben Vaters im Himmel" sind:

Es geht darum, die echte Liebe im Herzen leben zu lassen. Dann gibt es für uns weder Mann noch Frau (vgl. Galater 3,28), weder sympathisch noch unsympathisch, weder hübsch noch hässlich … Es kommt nicht darauf an, ob jemand zur selben Nation gehört oder Ausländer ist, ob er dieselbe Religion hat wie ich oder nicht, ob er mein Alter hat oder nicht, Freund oder Feind ist …

Bei einer Jugendvesper im Dom zu Münster, 15.11.1998,
zit. nach Sehnsucht, 210

---

22 Für heuchlerisches, selbstgerechtes, ausgrenzendes Verhalten aber fand er scharfe Worte: Verurteilen ist zu verurteilen, Intoleranz ist nicht zu tolerieren, vgl. Matthäus 23.

23 Zur Thematik vgl.: Neue Stadt März/April 2023; s. auch https://neuestadt-online.de/de/index.php/2023/04/wahrheit-als-begegnung/

Jeder Mensch ist Adressat dieser Botschaft und potenzieller „Baustein" einer in der Liebe facettenreich geeinten Welt:

Du, ich, der Milchhändler, der Bauer, der Pförtner, der Fischer, der Arbeiter, der Zeitungsverkäufer … und all die anderen, enttäuschte Idealisten, besorgte Mütter, Verliebte vor der Hochzeit, alte Menschen, die dem Tod entgegengehen, Jugendliche voller Leben – sie alle sind Bausteine jener Gesellschaft, in der Gott lebt: Es genügt, dass in ihrem Herzen die Flamme der Liebe brennt, ausgerichtet auf Gott allein. A1, 59

Alle lieben, das hat auch *eine geschichtliche Dimension*: Es betrifft die Achtung vor denen, die vor uns gelebt, sich engagiert und gelitten haben, wie die Frage, welche Welt wir unseren Kindern hinterlassen: Dies hat auch eine spirituelle Relevanz; auch da zeigt sich, ob unsere Liebe wirklich universal ist.

Christen verdienen ihren Namen eigentlich nur, wenn in ihrem Herzen die Liebe zu *allen* Menschen lebendig ist. Das macht ihr Wesen aus und kennzeichnet sie. Als Kinder Gottes haben sie teil an der Liebe selbst, an jener göttlichen Liebe, die Christus mit dem Vater verbindet. Sie wissen, dass sie zur ganzen Menschheit gehören wie Steinchen in einem großartigen Mosaik. Dieses ist teils schon gelegt, teils noch nicht. *Ihre Liebe gilt den Menschen der Vergangenheit, der Gegenwart und der Zukunft.* Vor dem Erbe der Vergangenheit stehen sie mit Achtung

und im Wissen, dass es ihnen anvertraut ist, mit der
Demut, dass sie daraus zu lernen haben, und im Bewusstsein, dass sie es durch ihren persönlichen Einsatz zu bereichern und künftigen Generationen weiterzugeben haben. Wenn Christen in ihrem Leben
erkennen, dass Gott sie drängt, an die Zukunft zu
denken, tun sie es mit ganzem Einsatz, nicht eigen-
nützig, sondern aus Liebe zu denen, die kommen
werden. AB, 192

Eine Vorliebe für die „ganz unten"

Gott ist Vater aller, freilich, so zeigt Jesus, mit einer Vorliebe für
die „Letzten", für die an Leib und Seele Kranken, die Ausgegrenzten, die Abgestempelten, die irgendwie Bedürftigen.
Zuwendung zu ihnen, konkretes Dasein und Engagement für sie
ist keineswegs nur „Vorspiel" der vermeintlich „eigentlichen"
Verkündigung. Es ist nicht „eine Methode, damit dann ...". Im
Lukasevangelium tritt Jesus seine Sendung mit einem program-
matischen Zitat aus Jesaja an: *„Als er aufstand, um vorzulesen,
reichte man ihm die Buchrolle des Propheten Jesaja. Er ... fand die
Stelle, wo geschrieben steht: Der Geist des Herrn ruht auf mir;
denn er hat mich gesalbt. Er hat mich gesandt, damit ich den Armen eine frohe Botschaft bringe; damit ich den Gefangenen die
Entlassung verkünde und den Blinden das Augenlicht; damit ich
die Zerschlagenen in Freiheit setze und ein Gnadenjahr des Herrn
ausrufe. Dann schloss er die Buchrolle, gab sie dem Synagogen-
diener und setzte sich. Die Augen aller in der Synagoge waren auf
ihn gerichtet. Da begann er, ihnen darzulegen: Heute hat sich das
Schriftwort, das ihr eben gehört habt, erfüllt"* (Lukas 4,16-21).
Evangelisieren ist Teilhabe an dieser Sendung Jesu: in Wort und

Tat diese frohe, befreiende Botschaft bringen, „die Zerschlagenen in Freiheit setzen". Chiara greift Jesu „Antrittsrede" auf als Einladung, sich Jesu Vorliebe zu eigen zu machen:

Der Geist des Herrn hat mich gesandt, damit ich den Armen eine gute Nachricht bringe" (Lukas 4,18). Ihnen vor allem gelten die Seligpreisungen des Evangeliums: den Weinenden, Hungernden, Verfolgten … Schließe sie in dein Herz: Sie sind die Bevorzugten des Herrn; sie seien es auch für dich. A1, 124

In diesem Geist wandte sich die um Chiara entstehende Gemeinschaft den Bedürftigen im schwer vom Krieg getroffenen Trient zu:

Die Menschen um uns herum litten aufgrund der schrecklichen Umstände Hunger und Durst; viele waren ohne Kleidung, obdachlos. Wir kochten große Töpfe mit Suppe für sie. Manchmal klopften Arme an unserer Tür und wir luden sie ein, sich zu uns zu setzen: ein Armer und eine von uns, ein Armer und eine von uns. Das Evangelium verheißt: „Bittet und es wird euch gegeben werden" (vgl. Matthäus 7,7; Lukas 11,9). Wir baten für die Armen – und wurden überreich beschenkt mit Brot, Milchpulver, Marmelade, Holz, Kleidung … Das haben wir dann den Bedürftigen gebracht. Bologna, 22.9.1997, zit. in: Ann, 38

„Das evangelische Zeugnis, das die Welt am ehesten wahrnimmt, ist jenes der Aufmerksamkeit für die Menschen und der Liebe zu den Armen und den Kleinen, zu den Leidenden."

Papst Johannes Paul II., Redemptoris missio, 42

Chiara formuliert in einem Gebet:

Herr, gib mir alle, die einsam sind ... Wie sehr leidest du unter all der Verlassenheit in der Welt ...
Ich möchte alle lieben, die krank und einsam sind. Wer tröstet ihre Tränen? Wer nimmt Anteil an ihrem langsamen Sterben? Wer nimmt sich ihrer Verzweiflung an?

Mein Gott, lass mich in der Welt sichtbares Zeichen und Werkzeug deiner Liebe sein, deine Arme, die alle Einsamkeit der Welt an sich ziehen und in Liebe umwandeln. Sehnsucht, 91

Schon der neutestamentliche Jakobusbrief zeigt, wie zynisch es wäre, schöne Worte zu machen und die nötige Hilfe zu verweigern: „Wenn ein Bruder oder eine Schwester ohne Kleidung sind und ohne das tägliche Brot und einer von euch zu ihnen sagt: Geht in Frieden, wärmt und sättigt euch!, ihr gebt ihnen aber nicht, was sie zum Leben brauchen – was nützt das?" (Jakobus 2,15f). Chiara schreibt in diesem Sinne:

Jesus hat die „Option für die Armen", die vorrangige Entscheidung für sie, getroffen, lange bevor die Kirche sie formuliert und dazu aufgerufen hat. Er ist gekommen, um den Armen die Frohe Botschaft zu verkünden (vgl. Matthäus 11,5). Und er sagte unmissverständlich: Was ihr für einen meiner geringsten Brüder, für eine meiner geringsten Schwestern getan habt, das habt ihr mir getan (vgl. Matthäus 25,40). Jesus stellte seine Vorliebe für die Armen in Worten und Werken unter Beweis. Seinem Beispiel folgten im Lauf der Jahrhunderte, vom Heiligen Geist bewegt, immer wieder Menschen, die auf diese Weise seine Werkzeuge wurden für viele andere: Franz von Assisi etwa oder Philipp Neri, Ignatius von Loyola …

Und heute? Auch wir können nach Jesu Beispiel den Geringsten den ersten Platz in unserem Herzen geben, indem wir uns in unserer unmittelbaren Umgebung umschauen und der Not derer, die wir als „Geringste" bezeichnen könnten, abzuhelfen versuchen. Santi insieme, 78-80

„Und heute?", fragt Chiara. Bei uns, bei mir? – Seine Jünger entsandte Jesus mit einem Auftrag, der exakt seine eigene Sendung widerspiegelt: „Heilt die Kranken … und sagt ihnen: Das Reich Gottes ist euch nahe!" (Lukas 10,9). Nochmals: Die Zuwendung zu den Menschen ist essenzieller Bestandteil einer Evangelisierung im Sinne Jesu.

„Jede beliebige Gemeinschaft in der Kirche, die beansprucht, in ihrer Ruhe zu verharren, ohne sich kreativ darum zu kümmern und wirksam daran mitzuarbeiten, dass die Armen in Würde leben können und niemand ausgeschlossen wird, läuft die Gefahr der Auflösung … Sie wird schließlich leicht in einer mit religiösen Übungen, unfruchtbaren Versammlungen und leeren Reden heuchlerisch verborgenen spirituellen Weltlichkeit untergehen."
Papst Franziskus, Evangelii gaudium, 207

Liebe den gekreuzigten Jesus in dir, in all deinen Schmerzen, wie immer sie aussehen mögen. Vor allem aber liebe ihn in den anderen, in den Brüdern und Schwestern. Wenn du jemand unter ihnen den Vorzug geben kannst, dann liebe ihn in denen, die vom Weg abgekommen sind, in den Erbärmlichsten, in den Abstoßendsten, in den Verlassensten, in denen, die von der Gesellschaft ausgestoßen werden und am meisten leiden. A1, 116

Wie eine Vorwegnahme der unermüdlichen Aufforderung von Papst Franziskus, „an die Ränder zu gehen", wirkt dieser Text. Franziskus schreibt: „Mir ist eine ‚verbeulte' Kirche, die verletzt und beschmutzt ist, weil sie auf die Straßen hinausgegangen ist, lieber als eine Kirche, die aufgrund ihrer Verschlossenheit und ihrer Bequemlichkeit, sich an die eigenen Sicherheiten zu klammern, krank ist" (Evangelii gaudium, 39.49).

Die konkret praktizierte Liebe hat, wie Chiara verdeutlicht, eine ganz eigene Tiefendimension:

In allen Menschen, die uns täglich begegnen, will Christus geboren werden, wachsen, leben und auferstehen. Er bittet uns um Hilfe und Trost, um Licht, Brot, Unterkunft, Kleidung, um unser Gebet ... Leben wir den gegenwärtigen Augenblick und tun wir jetzt das Werk der Barmherzigkeit, das Gott in der Gestalt des Nächsten von uns erbittet. A1, 116

Almosen können demütigen, „gute Taten" auch. Ein Gegenmittel gegen alle gönnerhafte Zuwendung ist der hier ausgesprochene Gedanke, dass Gott selbst uns „in der Gestalt des Nächsten" um etwas bittet. An diese höchste Würde des Mitmenschen erinnert Chiaras Motto: „Jesus im anderen sehen". Jesus *identifiziert* sich mit den Bedürftigen – und wer wäre nicht irgendwie bedürftig? „Jesus im anderen sehen bzw. lieben" ist eine Brandmauer gegen Überheblichkeit und eine Wohltäter-Mentalität.

Auf ein mögliches Missverständnis weist Klaus Hemmerle hin: „Jesus im Nächsten wäre missverstanden, wenn es hieße, jede Unmittelbarkeit zum anderen Menschen solle verdorben werden durch einen zusätzlichen, überhöhenden Gedanken." Und weiter: Es meint „vielmehr jenes Hören auf den andern, jenes Eingehen auf ihn, das seine Eigenart, seine Wünsche und Erwartungen, seine Weise zu denken so ernst nimmt, wie es eben den Herrn ernst zu nehmen gilt."[24]

Die echte Liebe liebt in allen Christus. „Das habt ihr mir getan" (vgl. Matthäus 25,40), wird er uns eines Tages sagen: Was wir den anderen an Gutem getan oder nicht getan haben, das haben wir *ihm* getan oder nicht getan.

Bei einer Jugendvesper im Dom zu Münster, 15.11.1998,
zit. nach Sehnsucht, 210

„Der einzige Weg besteht darin zu lernen, den Mitmenschen in der rechten Haltung zu begegnen, indem man sie schätzt und als Weggefährten akzeptiert ohne innere Widerstände. Noch besser: Es geht darum zu lernen, Jesus im Gesicht der anderen, in ihrer Stimme, in ihren Bitten zu erkennen."

Papst Franziskus, Evangelii gaudium, 91

---

24 Klaus Hemmerle, Geliebte seiner Liebe. Reflexionen, München 2002, 24.26.

Die Frohe Botschaft in die Welt bringen betrifft auch die Art und Weise, wie wir arbeiten. Chiara lädt ein, so zu arbeiten, als würden wir es für Jesus tun. Sie *ist* für ihn getan oder nicht getan:

Auch die Arbeit hat einen hohen Stellenwert. Deshalb gehört es dazu, sie so gut wie möglich zu tun, in einer (das möchte ich besonders betonen) Haltung der Liebe: aus Liebe zu den Menschen, in deren Dienst wir arbeiten; denn in ihnen dienen wir Christus. Seien wir uns bewusst, dass wir auf irgendeine Weise immer für Christus arbeiten, der in den Mitmenschen lebt: Es ist also sozusagen er, der vielleicht dringend auf einen Bescheid wartet, den die langsam arbeitende Bürokratie nicht weiterleitet; er, der auf Brot wartet, das aus dem Getreide, das wir gesät und geerntet haben, gebacken wird; er ist es, der auf die Unterweisung wartet, die er durch unseren Unterricht bekommt; auf die Kleidung oder die Nahrung, die er braucht ... In cammino, 37

Gewiss, Jesus hat in seinem irdischen Leben nicht alle Probleme gelöst. Auch als Haupt des „mystischen Leibes" löst er nicht alle Probleme ... Aber er will durch uns handeln, sich Bahn brechen durch Menschen, in denen er lebt ... Als ein Glied am Leib Christi bringt eine jede, ein jeder den eigenen charakteristischen Beitrag in den verschiedensten Bereichen ein. Nuova Umanità 6/1995, 8

Inspiriert von Jesu Botschaft haben Menschen im Laufe der Zeit begriffen, dass neben der persönlichen Zuwendung auch strukturelle Hilfen und Veränderungen nötig sind. In der Geschichte des Christentums gab und gibt es viele konkrete Initiativen und Werke im Dienste der Menschen und der Gesellschaft. Ordensgemeinschaften, karitative, diakonische Einrichtungen haben Schulen, Krankenhäuser u. v. m. geschaffen und gefördert. Auch Chiara hat nach anfänglicher Konzentration auf die Zuwendung zu einzelnen Bedürftigen später derartige Projekte initiiert, etwa in Fontem/Kamerun, in Santa Teresina in Brasilien, in Tagaytay/Philippinen etc. Kirchliche Hilfswerke und andere Organisationen und Personen haben diese Initiativen mit unterstützt: ein Beispiel der Zusammenarbeit in humanitären Anliegen – und ein Beitrag zum Wachsen des Gottesreichs. Auch das Projekt „Wirtschaft in Gemeinschaft" ist im Zusammenhang struktureller Veränderungen für eine gerechtere Welt zu nennen.

Die Liebe erleuchtet; sie drängt zum Tun, auch zum Engagement für soziale Initiativen, zur Errichtung und Unterstützung von Krankenhäusern, Schulen, Waisenhäusern, Heimen … Wenn, wie man sagt, schon ein aus Liebe gereichtes Glas Wasser seinen Lohn haben wird, werden solche Ausdrucksformen der Liebe eine gute Vorbereitung auf das „Schlussexamen" am Ende unseres Lebens sein. Christus wird uns sagen: In deinem Mann, in deinen Kindern war ich hungrig – und genauso in der notleidenden Bevölkerung in Indien und anderen Ländern. Du hast mich in ihnen erkannt und hast mir zu essen gegeben. Ich hatte Durst, war nackt in deinen Kindern wie in deinen Schwestern und Brüdern aus vielen Nationen, die unter unmenschlichen Bedingungen ihr Leben fristen. Du hast mich erkannt und mir gegeben, was du hattest ... Wenn der Herr uns das sagen kann, werden wir nur noch danken können. Danke, mein Gott, dass du uns auf Erden einen Weg, den direktesten, kürzesten Weg zum himmlischen Ziel gezeigt hast. AB, 142f

Eine Botschaft für den ganzen Menschen

Jesu Botschaft betrifft das Leben in allen Dimensionen. Sie ist ganzheitlich, zielt auf ein *Leben, wie der Schöpfer es sich gedacht hat*. Es ist die geerdete Botschaft vom nahegekommenen Gottesreich. Sie dient nicht nur „von den Dächern aufwärts", wie Chiara es in einer Rede zu Jugendlichen plastisch ausdrückte:

Glaubt nicht, dass das Evangelium nur etwas Spirituelles, Geistiges wäre! Das Evangelium ist das Konkreteste, was es gibt; denn das Evangelium ist Jesus Christus, und Jesus ist Gott, der ein Kind wurde, einer, den man anfassen konnte. Er wuchs heran, wurde erwachsen, ein Mensch mit allen menschlichen Fähigkeiten ...

Warum denken wir, dass Jesus uns nur etwas zu geben hätte, das bloß von den Dächern aufwärts von Nutzen wäre? Colloqui con i gen, 142f

Es wäre übertrieben und falsch, das Leben nach dem Evangelium als etwas Abenteuerliches, Poetisches oder Romantisches hinzustellen, um andere dafür zu gewinnen. Eine solche Pseudo-Frohbotschaft nährt nur die Eigenliebe, fördert womöglich ein falsches Sendungsbewusstsein und führt zu allerlei fantastischen Ausschmückungen. Rauben wir dem Leben nach dem Evangelium nicht ausgerechnet das Schönste: die Normalität eines übernatürlichen Lebens, das klar und harmonisch ist, weder gekünstelt noch übertrieben, sondern einfach wie die Natur. Von Maria, der Mutter Gottes und unserer Mutter, sind keine aufsehenerregenden Taten bekannt. Sie tat einfach den Willen Gottes; sie liebte Jesus und stand den Aposteln bei. Und dabei hat sie, so scheint mir, das Evangelium wie kein zweiter gelebt. AB, 156-158

Wer das Wort [der Heiligen Schrift, des Evangeliums] lebt, wird authentisch; er findet zu einer neuen Einfachheit und Freiheit. Denn das Hängen an sich selbst oder an irgendwelchen Dingen zerstört unser wahres Selbst, es spaltet uns innerlich; es macht überheblich und selbstgefällig und baut jenes „falsche Ich" namens Ego auf …

Der Mensch steht heute vor der schwierigen Aufgabe, seine Einheit und Ganzheit wiederzufinden, frei zu werden von dem, wohin sein Ego ihn drängt, frei von Gier und Haben-Wollen. Wer eins und ganz ist, vermag sich innerlich leer zu machen, „sich zu entäußern", um in der Gemeinschaft mit anderen selbst bereichert zu werden. Dies alles lehrt das Evangelium. *Impulse mit Breitenwirkung, 76*

Allzu oft meinen wir, Gott zu lieben bedeute, stundenlang anzubeten, religiöse Kreise zu besuchen, lange zu beten usw. Doch nicht darum geht es in der Religion, meine Schwestern!

Es geht um die Suche nach dem „verlorenen Schaf", sobald man die anderen versorgt hat. Es bedeutet, sich mit allen einzumachen! Es bedeutet, alle Menschen um uns herum zu lieben wie uns selbst, ganz praktisch, liebevoll und kraftvoll; für sie das zu wünschen, was wir uns (an ihrer Stelle) wünschen würden; es bedeutet, von einer Vielzahl von Menschen umgeben zu sein, die sich nach einem lebensspendenden Wort sehnen; es bedeutet zu lieben – zu lieben, indem man sich selbst verleugnet und die eigenen Sichtweisen und Gewohnheiten zurückstellt. Solche Menschen braucht der Herr ganz dringend: Menschen, deren Herz brennt! *Aus einem Brief: Lettere, 260f*

„Ich bin keine religiöse Natur. Aber an Gott, an Christus muss ich immerfort denken, an Echtheit, an Leben, an Freiheit und Barmherzigkeit liegt mir sehr viel."

Dietrich Bonhoeffer

Für mich ist das Evangelium nicht einfach ein Trostbuch, zu dem man sich in schmerzlichen Momenten flüchtet, um eine Antwort zu finden. Es ist der Kodex, der die Gesetze des Lebens enthält, für jeden Augenblick des Lebens; gundlegende Gesetze, die man nicht nur lesen und befolgen, sondern sich zu eigen machen soll ...

Essere tua parola, 39

Viele Menschen sind auf der Suche nach einem anderen Lebensstil; Geld und Wohlstand können den menschlichen Geist offenkundig nicht befriedigen. Einige wollen das Leben einfach nur genießen, manche stürzen sich in dumme erotische Abenteuer oder flüchten sich durch Drogen in eine Welt der Halluzinationen. Als Christen sollten wir *unsere* Sicht der Welt einbringen. Bedenken wir dabei, dass nicht alles negativ ist, was die anderen bewegt; es ist ja vor allem die Sehnsucht nach dem Glück ... Zur Fülle der Freude führt ein Christentum, das so gelebt wird, wie Christus es uns gelehrt hat: Freude auch im Schmerz, Freude als Frucht aus dem Schmerz, aus der Hingabe seiner selbst, aus dem Verzicht auf unser egoistisches Wollen, damit Gott Raum bekommt und sich seine Pläne voll Weisheit und Licht erfüllen – für die Welt, für jede und jeden von uns.

AB, 147f

Die Ausrichtung an Jesu Botschaft kann helfen, das Fragment-
hafte, das gerade heute das Leben oft kennzeichnet, zu einer
Einheit, zu seiner Ganzheit zusammenzuführen:

Die Veränderung, die die Welt von uns unbewusst erwartet, die „Revolution", die jeder
Christ bewirken sollte, besteht im Grunde in nichts
anderem als darin, das Leben zu einer inneren Einheit zu führen.

Vielleicht führen wir ein redliches Leben, doch
leider fehlt ihm oft der Schwung. Es ist recht farblos,
eine bloße Aneinanderreihung einzelner Hand-
lungen ... Womöglich geht man auch am Sonntag
zur Kirche und tut ab und zu ein gutes Werk. Doch
ein solches Christentum zieht nicht mehr an ...

Wir müssen uns bekehren, unser Leben als Ganzes neu gründen auf das einzig Notwendige: die
Liebe zu Gott; alles andere wird sich dann wie von
selbst ergeben. Wenn wir ihn leidenschaftlich lieben, wenn unser Herz in ihm verwurzelt ist, wenn
wir ihn anbeten und ihm dienen, dann wird das Leben des Einzelnen und der Gesellschaft durchdrungen von seiner Gegenwart. Kunst und Apostolat,
Studium und Erholung, Familie, Beruf und Schule,
Gesundheit und Krankheiten werden Strophen eines einzigen Liedes, ein einziges, vielgestaltiges
Zeugnis für Gott.   A1, 252f

„Apostolat" ist hier eingereiht (!) unter alles mögliche andere – als *ein* Aspekt des „Zeugnisses für Gott". Von Jesus und dem Evangelium Zeugnis ablegen, das geschieht in einem Leben aus einem Guss. Da zählen für Jesus auch die „kleinen Dinge" (vgl. Lukas 16,10). Ganz klein fängt das Gottesreich an, wie ein winziges Senfkorn (Matthäus 13,31f par). Auch im vermeintlich eher Banalen kann „Reich Gottes" Gestalt annehmen. Frappierend ist die Erzählung von der Auferweckung des jung verstorbenen Mädchens: Jesus nutzt das Geschehene nicht zu „Verkündigungszwecken", sondern sieht das Kind in seiner akuten Bedürftigkeit und sagt: „Gebt ihr zu essen!" (vgl. Markus 5,42). Jesus ist einer, der „die Liebe liebte". Er „erzählt" von Gott, indem er liebt, ganz konkret, ganz praktisch. Auf dieser Linie schreibt Chiara:

Angesichts der Probleme in vielen Ländern der Welt – unzählige Menschen ohne Obdach und Arbeit, ohne ausreichende Nahrung und Kleidung ... – ist eines klar: Menschen in einer solchen Lage kann man nicht sagen, dass sie nach Bildung streben oder sich dem Gebet widmen sollten. Zuerst muss man dafür sorgen, dass sie aus ihrem Elend befreit werden. Dann kann man auch an die übrigen Dinge denken, die zum Leben des Menschen gehören ...

Santità di popolo 74

„Einem Hungernden erscheint Gott allein in Form von Brot!"
Mahatma Gandhi

„Wer an seinem Nächsten vorübergeht, der geht auch an Gott vorüber."
Martin Luther

Für eine Welt „im Sinne Gottes"

> *„Dein Reich komme. Dein Wille geschehe*
> *wie im Himmel, so auf Erden." (Matthäus 6,10)*

Jesus, der menschgewordene Gott, hat uns sein Vermächtnis hinterlassen: „Alle sollen eins sein" (Johannes 17,21). Wer sein Leben auf die Einheit ausrichtet, hat das tiefste Anliegen Gottes erfasst. A1, 32

In der Einheit verdichtet sich für Chiara Lubich der Plan Gottes mit der Welt: „... wie im Himmel, so auf Erden." Es ist der Traum von einer Welt versöhnter Gegensätze, in der Wolf und Lamm zusammenwohnen und der Säugling vor dem Schlupfloch der Natter spielt (vgl. Jesaja 11,1-9), in der die Menschen in Frieden miteinander und auch im Einklang mit der Schöpfung leben: *Schalom*, umfassendes Heil ...

Der Traum vom Frieden begleitet uns Tag und Nacht. Der Frieden ist ein großes Ideal; es braucht Menschen, die an ihn glauben und für seine Verwirklichung arbeiten ... Denn darin besteht ja die göttliche Bestimmung der Menschheit: in der Geschwisterlichkeit von Menschen aller Völker, Kulturen und Glaubensrichtungen. Die geschwisterliche Liebe ist dem Menschen tief ins Herz eingeschrieben ... Das menschliche Zusammenleben braucht die konkrete, großzügige, selbstlose Liebe jedes Einzelnen. Dies ist der Weg, um unsere Welt zu einer Wohnung umzugestalten, die der Kinder Gottes würdig ist. Sehnsucht, 295

Die *praktischen Konsequenzen* sind je neu zu buchstabieren. Die christliche Sozialethik, die kirchliche Soziallehre mühen sich darum. Schreiben von Papst Franziskus wie „Laudato si'", „Fratelli tutti", „Laudate Deum", in denen es um Schutz der Umwelt, Frieden in Gerechtigkeit in einer globalisierten Welt etc. geht, sind auch Verkündigung; das konkrete Engagement dafür ist unverzichtbarer Bestandteil der Evangelisierung – und nicht etwa eine säkulare „Light-Version" oder Verwässerung des „Eigentlichen", ebenso wenig wie Jesus in seiner Rede vom Weltgericht (Matthäus 25) von seiner Sendung abgerückt ist: Da wissen diejenigen, die sich für andere eingesetzt haben, gar nicht, dass sie damit „dem Menschensohn" etwas Gutes getan haben. „Gott" kommt nicht vor und doch ist Gott voll dabei! Da wächst Reich Gottes. Menschen und Gruppierungen, die sich für humanitäre Anliegen, für Mensch und Natur engagieren, sind „mit im Boot", ja „paradoxerweise können diejenigen, die sich für ungläubig halten, den Willen Gottes manchmal besser erfüllen als die Glaubenden" (Papst Franziskus, Fratelli tutti, 74).

Mit viel persönlichem Engagement hat sich Chiara auch in Reden und Vorträgen „für eine geeinte Welt" starkgemacht, so am Sitz der Vereinten Nationen in New York (28.5.1997), vor Abgeordneten des Europaparlaments in Straßburg (15.9.1998), vor dem Europarat anlässlich der Verleihung des Menschenrechtspreises (22.9.1998) etc.[25] Dabei hat sie jedweden Einsatz für wahrhaft humane Ziele gewürdigt.

Die Verankerung im Glauben freilich ist ein Ansporn und eine Kraftquelle, selbst dann daran festzuhalten, wenn es einen hohen persönlichen Preis verlangt oder wenig erfolgversprechend scheint. Von Gott geht eine Kraft aus; ihn können wir auch bitten, dass der Einsatz für eine menschlichere Welt „Frucht bringt", so wie Chiara es in einer Rede am Sitz der UNO tat:

---

25 Vgl. die Publikation „Impulse mit Breitenwirkung".

Führende Persönlichkeiten stimmen darin überein, dass neu zu überdenken ist, welche Rolle die Gegenseitigkeit in den internationalen Beziehungen spielt ... Es gilt, Mechanismen, die von Gruppenegoismus bestimmt sind, zu überwinden und unter allen Beziehungen aufzubauen, wie die Liebe sie erfordert. Dazu gehört, ohne Vorbedingungen und Erwartungen auf die anderen zuzugehen. Die Liebe sieht die anderen, als wären sie wir selbst. Wir sollten jede Art von Initiative unter diesem Blickwinkel angehen: Abrüstung, Entwicklung, Zusammenarbeit. Es geht um eine Gegenseitigkeit, die alle auf der internationalen Bühne Tätigen dazu anleitet, sich in den anderen, in seine Bedürfnisse und Fähigkeiten hineinzuversetzen, und das nicht nur in Ausnahmesituationen, sondern in der Anteilnahme am täglichen Leben des anderen.

Der Friede ... verlangt in erster Linie das Bemühen, Feindbilder jeder Art abzuschaffen. Doch es genügt nicht, den Krieg auszuschließen. Man muss vielmehr darauf hinwirken, dass jedes Volk die Heimat des anderen wie die eigene liebt, dass es zu einem uneigennützigen Austausch der Gaben kommt ... Möge Gott, der Vater aller, unsere Bemühungen und die Anstrengungen all derer, die sich für das hohe Ziel des Friedens engagieren, Frucht bringen lassen.

Am Sitz der Vereinten Nationen, New York, 28.5.1997,
Impulse mit Breitenwirkung, 33f

In Zeiten von neu aufflammendem Nationalismus, weit verbreiteter Fremdenfeindlichkeit und kriegerischen Auseinandersetzungen ist der Blick auf die *eine* Menschheit nötiger denn je. Schon 2001 schrieb Chiara eindringlich: „Es ist an der Zeit ...":

Es ist an der Zeit, dass die Völker über ihre eigenen Grenzen hinausblicken ..., alte und neue Denkmuster der Gegnerschaft und des Profitstrebens überwinden und aus freien Stücken uneigennützige Beziehungen aufbauen. Wenn sie sich als Teil der einen Menschheit verstehen, achten die Völker aufeinander wie auf sich selbst. WdL, in: NSt 11/2001

Wir sehen, wie groß die Mentalitätsunterschiede und Schwierigkeiten zwischen den Völkern und Kulturen sind; wir erleben, wie Religionen von Extremisten missbraucht werden ... In dieser Situation erscheint das Ideal einer universalen Geschwisterlichkeit als der einzige Weg. Es kommt darauf an, das zu verwirklichen und auszugestalten, was die Menschheit eigentlich ist: eine einzige Familie; denn Gott ist der Vater aller Menschen ... Città Nuova 21/2001, 7

Wir wissen, welch enormes Ungleichgewicht in der Welt herrscht. In vielen Ländern setzt man auf das Haben, nicht auf das Sein; man schwimmt im Konsum mit all seinen Folgen, während in anderen, bevölkerungsreichen Ländern die Menschen erschreckende Not leiden. Ein Motto, das

Abhilfe schaffen und ein neues Gleichgewicht herstellen könnte, lautet „Geben", eine *Kultur des Gebens* schaffen und verbreiten. Jesus sagt: „Gebt, dann wird auch euch gegeben werden. In reichem, vollem, gehäuftem, überfließendem Maß wird man euch beschenken" (Lukas 6,38).   Santi insieme, 102

* * *

Es wäre ein Missverständnis zu meinen, alle müssten explizit Christinnen und Christen werden. „Ihr seid das Salz der Erde. Wenn das Salz seinen Geschmack verliert, womit kann man es wieder salzig machen?", sagt Jesus. Authentizität ist verlangt, nicht Masse; Qualität, nicht Quantität.

Ihr seid das Licht der Welt ..." (Matthäus 5,14). – Das ist Christentum: Licht der Welt – für alle. „Ihr seid das Salz der Erde" (Matthäus 5,13). – Wenn wir als Christen so leben, wie der Herr es wünscht, bleibt dieses Leben nicht auf uns beschränkt. Ohne dass wir es bemerken, wird es sich ausbreiten und die Erde „würzen".   AB, 70

Viele Menschen leben in der Hoffnung auf eine bessere Zukunft, wobei es ganz unterschiedliche Interpretationen des Menschen, der Geschichte und des Ziels der Menschheit gibt ... Von uns Christen ist verlangt, überall, wo wir sind, die Botschaft des Evangeliums möglichst authentisch anzubieten.

Tun wir es so engagiert und überzeugt, dass man auch von uns einmal sagen kann: „Was die Seele im Leib ist, das sind die Christen in der Welt" (Brief an Diognet, VI, 1). AB, 147

In die gleiche Richtung wie das Bild vom Salz zielt das vom Sauerteig: „Mit dem Himmelreich ist es wie mit dem Sauerteig, den eine Frau nahm und unter einen großen Trog Mehl mischte, bis das Ganze durchsäuert war" (Matthäus 13,33; Lukas 13,20f). „Untergemischt", „eingetaucht" in die Menge können, sollen Christen ein Stück Erde prägen.

Das ist die große Sehnsucht unserer Zeit: eintauchen in die höchste Kontemplation und mit allen Menschen verbunden bleiben, Mensch unter Menschen.

Ich würde noch mehr sagen:
eintauchen in die Menge
und ihr das göttliche Leben schenken,
wie der Wein ein Stück Brot tränkt.

Mehr noch: eindringen
in die Pläne Gottes für die Menschheit,
inmitten der Menge sein Licht verbreiten
und zugleich mit dem Nächsten
seine Mühsal, den Hunger, die Schicksalsschläge
und die kleinen Freuden teilen.
Denn wie alle Zeiten
sehnt sich auch unsere Epoche

nach dem Menschlichsten und Göttlichsten,
was man sich denken kann:
nach Jesus und Maria –
das Wort Gottes, Sohn eines Zimmermanns;
der Sitz der Weisheit, eine Hausfrau.   A1, 9

Den Sauerteig des Evangeliums in der Welt, in der Gesellschaft
„untermischen", sie von unten und innen her prägen durch die
Liebe, das göttliche Leben, das ist der große Sendungsauftrag.
Diese Stoßrichtung und das Bewusstsein für die ganz persönliche Mitverantwortung sind neu präsent zu machen. Dazu, so
Piero Coda, gebe auch der „synodale Prozess einen heilsamen
Anstoß". Nötig sei ein „epochaler Wandel, bei dem wir uns alle
als Protagonisten einzubringen haben"[26], und zwar Seite an Seite mit allen, als „Mensch unter Menschen", wie Chiara formuliert.

*„Heute, da die Netze und die Mittel menschlicher Kommunikation
unglaubliche Entwicklungen erreicht haben, spüren wir die Herausforderung, die „Mystik" zu entdecken und weiterzugeben, die
darin liegt, zusammen zu leben, uns unter die anderen zu mi-
schen, einander zu begegnen, uns in den Armen zu halten, uns
anzulehnen, teilzuhaben an dieser etwas chaotischen Menge, die
sich in eine wahrhaft geschwisterliche Erfahrung verwandeln
kann, in eine solidarische Karawane ..."*
Papst Franziskus, Evangelii gaudium, 87

---

26 Piero Coda, a. a. O., 98f.

Die harte Seite des Evangeliums

Die Botschaft des Evangeliums möglichst authentisch anbieten, das beinhaltet auch, so Chiara, die „harte Seite" nicht zu verschweigen. Das Evangelium offeriert eben „keine Spiritualität des Wohlbefindens" (Papst Franziskus). Kreuzesnachfolge gehört dazu. Jesus macht den Seinen keine Illusionen. Auf seine Frage: „Wollt auch ihr weggehen?", antwortet Simon Petrus: „Herr, zu wem sollen wir gehen? Du hast Worte des ewigen Lebens" (Johannes 6,67f). – Der folgende Text geht zurück auf eine für Chiara schwierige Zeit:

Die Härte des Evangeliums: Jesus, der die Verlassenheit hinausschreit und für den sich nicht, wie in unseren Prüfungen, wenn sie angenommen sind, alles in Freude wandelt, sondern im Tod endet; Maria, deren Herz ein Schwert durchdringt, doch ihr Sohn, der Gott ist, mindert ihren Schmerz nicht. Ja, er lässt sie den Schmerz durchleiden bis zum Äußersten und miterleben, wie der stirbt, den sie mehr liebte als sich selbst.

Die Härte des Evangeliums. Im Grunde hatte Jesus es uns immer gesagt: „Wenn einer hinter mir hergehen will, verleugne er sich selbst, nehme sein Kreuz auf sich und folge mir nach" (Markus 8,34) …

Jesus hat es uns immer gesagt, doch wir haben es bislang nicht genug begriffen. Jetzt war die Stunde dafür da. Die Stunde, um die einleuchtendste Wahrheit zu begreifen, die Christus auf die Erde gebracht hatte: dass sein Reich nicht von dieser Welt ist; dass wir durch das auf Erden angenommene Leiden dahin gelangen, mit ihm das ewige Reich zu genießen ...; dass auch etwas so Wunderbares wie ein Werk Gottes nicht Gott selbst ist und wir uns, wenn das sein Wille wäre, davon lösen müssen, um es ihm zu übergeben ... Machen wir am Evangelium keine Abstriche!

Die Härte des Evangeliums – Härte für unsere Natur – halte uns nicht ab, sondern lasse uns mit ganzer Kraft darauf vertrauen, dass Gott uns seine Gnade nicht vorenthalten wird, selbst nicht in Augenblicken größten, ja tragischen Leids. Diese Offenbarung (so möchten wir fast sagen) des im Evangelium vorgesehenen Schmerzes wird uns größeren Ernst verleihen und uns vom Überschwang der Begeisterung für das Schöne an unserem Ideal befreien. Sie wird aber nicht verhindern, dass wahr wird, was Jesus versprochen hat: dass wir seine Freude „in Fülle" in uns haben sollen (vgl. Johannes 17,13). Diese Fülle haben wir vielleicht noch nicht erlebt.

Das Evangelium ist von einer abgründigen Tiefe. Gott gebe uns die Zeit, sofern es sein Wille ist, es noch in diesem Leben auszuloten. Versprechen wir ihm neu, dass wir seinen Willen, nicht den unseren leben wollen. Selbst unter Tränen, in Bestürzung, in Angst rufen wir aus, dass wir immer noch und auch künftig in jeder Lebenslage an seine Liebe glauben, an jene Liebe, die das Erdenleben und das ewige Leben zugleich umspannt. Maria, unsere Mutter, helfe uns in unserer Schwachheit! 5.12.1973, Nuova Umanità 2 (2008), 159-163

Jesu eigener Weg führte in die Gottverlassenheit am Kreuz (Markus 15,34; Matthäus 27,46). Für Chiara ist das Ja zum „verlassenen Jesus" essenziell. Es ist nichts *anderes* als jene Initialzündung des Getroffenseins von Gottes Liebe, es ist die andere *Seite* derselben göttlichen Liebe, die sich hier in ihrem Maximum offenbart: „Gott hat die Welt so sehr geliebt, dass er seinen einzigen Sohn hingab" (Johannes 3,16). Es sind „zwei Seiten einer einzigen Medaille" (vgl. oben, S. 33).

Chiara nennt Jesus in seiner Verlassenheit „den Schlüssel" zur Einheit. In seinem Kreuz und seiner Auferstehung vollendet sich seine Sendung, „die versprengten Kinder Gottes wieder zu sammeln" (11,52), Einheit zu stiften und „die trennende Wand der Feindschaft" niederzureißen (vgl. Epheser 2,14). „Und ich, wenn ich über die Erde erhöht bin, werde alle zu mir ziehen" (Johannes 12,32), sagt Jesus. „Einheit" in gegenseitiger Liebe und „Jesus der Verlassene", das sind die Brennpunkte, in denen Chiara die Frohe Botschaft verdichtet sieht. Es kennzeichnet ihren Blick auf die Botschaft, ihren Ruf und ihre Sendung:

ch möchte der Welt bezeugen,
dass Jesus der Verlassene
jede Leere ausgefüllt,
jede Finsternis erleuchtet,
jede Einsamkeit begleitet,
jeden Schmerz beseitigt,
und jede Schuld getilgt hat. A1, 9

Den Himmel offen halten

Hier auf Erden will Gottes Reich mehr und mehr Gestalt annehmen. „Man kann nicht mehr behaupten, die Religion ... existiere nur, um die Seelen auf den Himmel vorzubereiten", stellt Papst Franziskus fest, denn Gott wünscht „das Glück seiner Kinder auch auf dieser Erde" (Evangelii gaudium, 182). Zugleich aber beinhaltet die Frohe Botschaft einen Überschuss über alles Irdische hinaus: Wir können uns noch so sehr ein „irdisches Paradies" wünschen (auch Chiara sprach öfter von diesem Wunsch), aber vieles geht innerweltlich nicht auf. Viele Opfer der Geschichte blieben und bleiben unerlöst „auf der Strecke", allen Bemühungen zum Trotz. Menschen bleiben frei, auch unmenschlich zu handeln. Schicksalsschläge sind nicht zu vermeiden. Jesus selbst hatte ein schmähliches Ende in dieser Welt. Die Botschaft von der Auferstehung aber gibt Hoffnung „wider alle Hoffnung". Sie hält den Himmel offen. Gerade von dort her aber werden wir auf die Liebe im Hier und Heute verwiesen, wie Chiara herausstellt. Die hier gelebte Liebe bleibt. Liebe ist ewig.

Manchmal hat man den Eindruck, ein konsequentes Leben aus dem Glauben, das ausgerichtet ist auf das kommende Leben und auf den Tod, der die Tür dazu öffnet, entfremde von der Welt. Nicht selten wird uns Christen vorgeworfen, wir engagierten uns zu wenig in den Fragen dieser Welt, bei denen es sehr oft um das Wohl der Menschheit geht. Eigentlich dürfte es nicht so sein. Denn wenn man sich bewusst ist, dass wir „weder den Tag noch die Stunde" kennen, wird man sich umso mehr auf das Heute konzentrieren, das uns gegeben ist, auf die Mühe des Alltags, auf den Augenblick, den Gott uns schenkt. Mit unserem ganzen Sein können wir im Jetzt leben und uns allem stellen, was es bringt: Freude und Schmerz, Anstrengung und Erfolg ...

So wird das Leben wirklich *gelebt*. Ohne das Bewusstsein, früher oder später Abschied nehmen zu müssen, lebt man oft oberflächlich, in Illusionen und Träumen, strebt nach etwas, was vielleicht nie zu erreichen ist.

Im Heute leben bedeutet nicht, die irdische Zukunft außer Acht zu lassen, die Flügel des Lebens zu stutzen, keine Pläne für die anderen zu entwickeln: für die Familie, für die Gemeinschaft, zu der wir gehören, für die Menschheit. Im Heute leben bedeutet auch nicht, die Vergangenheit zu vergessen, ihren Reichtum an kulturellen Leistungen, den selbstlosen Einsatz und die Errungenschaften vieler Menschen ... Die Verbundenheit mit der Menschheit aller Zeiten, die Liebe zu den andern wie zu sich selbst, ist für Christen die Triebfeder, heute die Voraussetzungen für ein besseres Morgen zu schaffen. Wer das andere Leben im Blick hat und sein Leben danach ausrichtet – mit einer Liebe, die allen gilt –, vervollkommnet sich nicht nur als Christ, er verwirklicht sich auch als Mensch. Gerade das erwarten unsere Zeit und die heutige Gesellschaft. Vor allem aber Gott selbst. AB, 191f

Christus will uns den Himmel schenken; wo er ist, sollen auch wir sein. Er möchte uns seine ewige Herrlichkeit schauen lassen … Er bittet für uns um die gleiche Liebe, mit der der Vater ihn liebt. Ein abgrundtiefes Geheimnis. In den Abschiedsreden offenbart Jesus seine Göttlichkeit deutlicher als je zuvor. Es scheint ganz und gar ein innergöttliches Gespräch zu sein. Doch zugleich spürt man das Herz des Freundes, des Bruders, des Lehrers, des Vaters, der den Seinen *alles* gibt, was er geben kann: Teilhabe an seinem Gottsein. AB. 52

Zu Recht spricht man heute vom Evangelium als einer sozialen Botschaft. Es ist erfreulich, dass dieser Aspekt ans Licht gerückt wird. Dass Gott Mensch geworden ist, zeigt: Er interessiert sich für alle Bereiche menschlichen Lebens. Ist nicht das ganze Leben Jesu ein Musterbeispiel, wie man die soziale Dimension des Menschseins leben kann? Eines dürfen wir dabei freilich nicht vergessen: Jesu Botschaft ist nicht zuletzt geistlicher Art …

Wir müssen wohl zugeben, dass es Aspekte gibt, die wir meistens übersehen, Glaubenswahrheiten, an die wir meist nur in Grenzsituationen des Lebens denken …

Ab und zu gehen mir die Augen auf … Ich werde mir bewusst, wohin ich gehe. Ich erinnere mich

wieder daran, dass mich, so glaube ich fest, der Himmel erwartet … Es wird – „Himmel" sein!
Der Tod ist eine Realität. Doch dann beginnt das Leben, das Leben in Fülle, das kein Ende kennt … Je mehr sich uns das Ende und der Tod ankündigen, desto mehr kündigt sich das Leben an. Zu dieser tiefen Wahrheit müssen wir zurückfinden.

Und wenn wir, dem Tag des Aufbruchs, der Geburt zum neuen Leben nahe, nichts anderes mehr sagen könnten als: „Wir wollen einander lieben" (1 Johannes 4,7), so hätten wir mehr und Wichtigeres gesagt als in allen großen Reden, die wir zeit unseres Lebens, im Vollbesitz unserer Kräfte gehalten haben. Dieses eine Wort wäre ein Licht, ja der größte Dienst an einer Menschheit, die voller Erwartung auf dem Weg in die Zukunft ist.   AB, 215-218

Es gibt einen Plan der Liebe für jeden Menschen, für uns alle, die wir Jesu Brüder und Schwestern sind, welch noch so großes Unglück uns auch treffen mag. Sagen wir es uns selbst und anderen, immer wieder: Gott ist die Liebe! Freilich: Daran festzuhalten setzt letztlich den Glauben ans Jenseits voraus. Aber das Jenseits existiert; verschweigen wir das nicht. Glauben wir an die Liebe und leben wir entsprechend. Dieser Glaube an die Liebe verändert das Leben.   Auf einem internationalen Kongress, Castelgandolfo, 11.5.1996, in: Ann, 213

„ER LEBT!" – DIE BOTSCHAFT
VOM GEKREUZIGT-AUFERSTANDENEN

Eine überwältigende Erfahrung,
die zum Auftrag wird

> „Die wichtigste Botschaft der Kirche ist kein Buch,
> kein Dokument oder ein irgendwie gearteter Text.
> Die wichtigste Botschaft ist eine Person: Jesus Christus."
> James Martin SJ

Was mit Jesu Tod aus und vorbei schien, ist keineswegs zu Ende: „Er lebt!", lautet die Osterbotschaft. Seine Auferweckung ist das göttliche Siegel auf die Botschaft, die er in Wort und Tat gebracht hat. Und nicht nur seine Sache geht weiter: Er selbst bleibt, anders als zuvor und doch ganz er, wie die Wundmale des Auferstandenen signalisieren (vgl. Johannes 20,24-29). Er ist weiter bei den Seinen, in einer neuen, anderen Präsenz, „im Geist". Der Gekreuzigt-Auferstandene selbst wird sozusagen zum Inhalt der Botschaft von der liebenden Nähe Gottes. Die Frage nach dem „Was?" wird zur Frage nach dem „Wer?". Die Botschaft besteht im Kern nicht in religiösen Kenntnissen, nicht in (Glaubens-)Formeln, auch nicht in ethischen Prinzipien. Sie ist eine Person.

Für Chiara ist dies elementar: Die „Botschaft" weitergeben heißt vor allem, ihm, dem Auferstandenen, Raum geben. Erfahrungsräume ermöglichen. Zu einer Lebenspraxis einladen, in der er, der Auferstandene, erfahrbar wird: „Leben mit Jesus in uns und unter uns". Er hat verheißen, „alle Tage bis zum Ende der Welt" (Matthäus 28,20) bei uns zu sein, er will mit uns leben als unser „Bruder", als Weggefährte wie bei den Emmausjüngern.

Die Synodalität, das gemeinsame Unterwegssein des Gottesvolks, findet hier ihre eigentliche Tiefe und ihr einzigartiges Potenzial: Wege miteinander gehen im Hören aufeinander und auf ihn; so, dass er in der Mitte sein kann, dass er unsere Fragen, auch Enttäuschung und Ratlosigkeit deuten hilft.

Bevor Jesus den Kalvarienberg bestieg, beim letzten Abendmahl, in den vielleicht innigsten Stunden, die er mit seinen Aposteln verbrachte, nannte er sie „meine Kinder" (Johannes 13,33) ... Für sie war er Mensch geworden; nun schickte er sich an, für ihr Heil sein Blut zu vergießen. Mit Recht konnte er sie *Kinder* nennen. Dann starb er am Kreuz. Drei Tage später erschien er der weinenden Magdalena und trug ihr auf: „Geh zu meinen *Brüdern* und sag ihnen: Ich gehe hinauf zu meinem Vater und zu eurem Vater, zu meinem Gott und zu eurem Gott."

Die erste Zeugin des leeren Grabs ist nach Johannes 20,1-18 Maria aus Magdala, jene Frau, die zu Jesus eine tiefe Beziehung hatte, eine der ganz Wenigen, die ihn bis unters Kreuz begleitet hatten (Johannes 19,25). Der Auferstandene selbst gibt ihr den oben zitierten Auftrag; so ging sie zu den Jüngern und „verkündete ihnen: Ich habe den Herrn gesehen. Und sie berichtete, was er ihr gesagt hatte" (Johannes 20,17f). Die Beziehung zu Jesus ist nun nicht mehr räumlich begrenzt, und sie ist inniger denn je. Der Auferstandene sieht sich als „unser aller Bruder", wie Chiara in der unmittelbar folgenden Reflexion herausstellt:

„Meine Kinder" – ein Wort, das einer wahrhaft göttlichen Liebe entspringt, der in Jesus Mensch gewordenen Liebe ... Und noch mehr zeigt er sich als Liebe, wenn er zu Maria Magdalena sagt: „Geh zu meinen Brüdern [und Schwestern]." Gott als Vater kann man sich vielleicht vorstellen; ein Vater ist ja größer als sein Kind. Aber Gott als Bruder? Jesus, der menschgewordene Sohn Gottes, der als unser Bruder mit uns im Himmel seinen und unseren Vater anbetet, das ist ein großes Geheimnis. Nur der Gedanke, dass Gott wirklich die Liebe ist, kann es uns irgendwie erahnen lassen ...   A1, 47f

Jesus, am Ostermorgen bist du Maria aus Magdala erschienen. Du rufst sie beim Namen. Was hinter ihr liegt, hast du vergessen: ihre Sünden, ihre ganze Vergangenheit. Du rufst sie. Rufst du wohl so auch jeden von uns? Wenn wir beschlossen haben, dich zu lieben, erinnerst du dich an nichts mehr? Du rufst uns beim Namen? Wie sollten wir uns da noch Sorgen machen wegen unserer Vergangenheit, unserer Verfehlungen und Sünden? Bist du nicht heute derselbe wie damals, Jesus?   AB, 197

Die Weitergabe der Osterbotschaft durch die erste Überbringerin zeigt: Botinnen und Boten müssen nicht perfekt sein![27] Wo immer jemand davon ergriffen wird, drängt es ihn „automatisch", zu verkünden.

---

27 Siehe auch unten S. 107–112.

Als Johannes und Petrus zum leeren Grab kamen, sahen sie die Leinenbinden und daneben das Schweißtuch. Maria von Magdala aber „stand draußen vor dem Grab und weinte". Dann sah sie zwei Engel, dort, wo der Leichnam Jesu gelegen hatte. Sie sprach mit ihnen, und als sie sich umwandte, sah sie Jesus (vgl. Johannes 20,1-18). Die Apostel haben Jesus zunächst nicht gesehen ... Maria, die Sünderin, hingegen sah die Engel und Jesus. „Selig, die ein reines Herz haben; denn sie werden Gott schauen" (Matthäus 5,8). Es war Maria von Magdala, die mehr geschaut hat – warum? Die Tränen, die sie vergoss, das Warten am Grab: Zeichen einer Liebe, die alles glaubt und ersehnt; ihre Sorge um Jesus, die im Gespräch mit den Engeln und mit dem vermeintlichen Gärtner zum Ausdruck kommt: All das hatte sie vielleicht mehr als die anderen geläutert, sodass sie die Engel und den auferstandenen Herrn sehen durfte. Hier erkennt man, was Auferstehung auch bedeutet: Die Schuld ist getilgt, der Tod besiegt, die Sünde versunken im mächtigen Strom der Barmherzigkeit, der vom Kreuz ausgeht. AB, 68

Die Auferstehung Jesu ist kennzeichnend für das Christentum und macht seinen Begründer so einzigartig: Jesus ist auferstanden, vom Tod auferstanden! Er wurde nicht ins frühere Leben zurückgeholt wie es etwa von Lazarus erzählt wird, der dann doch wieder gestorben ist. Jesus ist auferstanden, um nie mehr zu sterben. Er lebt als Gott und Mensch im Himmel, in der Dreifaltigkeit.

Fünfhundert Menschen haben den auferstandenen Jesus gesehen. Zu Thomas sagte er: „Streck deinen Finger aus – hier sind meine Hände! Streck deine Hand aus und leg sie in meine Seite ..." (Johannes 20,27). Er hat mit den Seinen gegessen und mit ihnen gesprochen; vierzig Tage ist er bei ihnen geblieben ... Aus Liebe zu uns hatte er auf seine unendliche Größe verzichtet, sich klein gemacht und war einer von uns geworden: ein Mensch unter Menschen ... In seiner Auferstehung zeigt er sich in seiner Größe ... Mit Thomas bekennen wir in ehrfürchtigem Staunen: „Mein Herr und mein Gott!" (Johannes 20,28).   In unità verso il Padre, 103f

Der Auferstandene trägt den Seinen auf: „Geht und macht alle Völker zu meinen Jüngern; tauft sie auf den Namen des Vaters und des Sohnes und des Heiligen Geistes und lehrt sie, alles zu befolgen, was ich euch geboten habe. Und siehe, ich bin mit euch alle Tage bis zum Ende der Welt" (Matthäus 28,18-20). Ihn als Lebenden bezeugen wird zum Auftrag – auch heute:

hr werdet meine Zeugen sein bis an die Grenzen der Erde" (Apostelgeschichte 1,8). Mit diesen Worten endet eine der letzten Begegnungen des auferstandenen Jesus mit seinen Jüngern ... Nachdem die

Apostel den Heiligen Geist empfangen hatten, legten sie Zeugnis ab von Christus, dem Auferstandenen. Auch wir haben in der Taufe den Heiligen Geist empfangen. *Auch wir sind gerufen, Zeugen des Auferstandenen zu sein* – bis an die Grenzen der Erde.

In cammino col Risorto, 115

Schon Mitte der 1940er-Jahre, in der Anfangszeit der entstehenden Fokolar-Bewegung, verspürte Chiara den Wunsch, das „Ideal der Einheit" in alle Welt, „bis an die Grenzen der Erde" zu bringen. Sie schreibt im Rückblick auf die zugrundeliegende Episode:

Ich erinnere mich an ein Psalmwort, das ich am Christkönigsfest – vielleicht schon 1944 – mit meinen ersten Gefährtinnen gelesen habe: „Fordere von mir, und ich gebe dir die Völker zum Erbe, die Enden der Erde zum Eigentum" (Psalm 2,8). Damals haben wir voll Vertrauen darum gebeten ... Der Schrei, 118

Die Leidenschaft für „Jesu Testament: ‚Alle sollen eins sein'" weitete den Horizont auf die ganze Welt: Die Fokolar-Bewegung fasste über Italien hinaus zunächst in anderen europäischen Ländern, dann auch in allen Kontinenten Fuß. Überall sollte der „Geist der Einheit" Eingang finden.

Exkurs: Zum Sendungsauftrag des Auferstandenen

Das Matthäusevangelium schließt: „*Mir ist alle Vollmacht gegeben im Himmel und auf der Erde. Darum geht und macht alle Völker zu meinen Jüngern; tauft sie auf den Namen des Vaters und des Sohnes und des Heiligen Geistes und lehrt sie, alles zu befolgen, was ich euch geboten habe. Und siehe, ich bin mit euch alle Tage bis zum Ende der Welt*" (28,18-20).

Bibelwissenschaftler ringen bis heute um das rechte Verständnis: Wie ist das genau gemeint? Wie sind die Formulierungen zustande gekommen? Darauf ist hier nicht weiter einzugehen. Nur einige Stichpunkte: Die Stelle hat losgelöst vom Zusammenhang zu Verhaltensweisen verleitet, die zu Jesu Botschaft in krassem Widerspruch stehen. Allein die häufig verwendete Bezeichnung „Missionsbefehl" ist fragwürdig. Ja, es ist eine Weisung – wie etwa auch das Liebesgebot. Aber käme jemand auf die Idee, vom „Liebes*befehl*" zu sprechen?
Zu beachten ist vor allem der Kontext: der unmittelbare, der des Matthäusevangeliums, der neutestamentliche Befund insgesamt.

– Die sich anschließende Verheißung Jesu „Ich bin bei euch alle Tage ..." bildet mit dem Anfang des Matthäusevangeliums, wo Jesus als Immanuel, Gott-mit-uns, eingeführt wird, eine große Klammer. Und in der Mitte, in Matthäus 18,20, steht die Zusage: „Wo zwei oder drei ..., da bin ich mitten unter ihnen." *Aus* Liebe und *als* Liebe ist er da. Die liebende Nähe Gottes in Jesus ist Anfang und Ende und Mitte. Wenn sich das im „missionarischen" Tun nicht widerspiegelt, ist die Botschaft verfehlt.

– Jesu Vollmacht ist ihm „gegeben", kommt vom Vater, der den Gekreuzigten auferweckt und beglaubigt hat. Jesu Vollmacht zeigte sich in seinem Handeln und Reden (vgl. Lukas 4,32.36; Markus 1,27) wie von selbst: Es ist *die Macht seiner Liebe*, letztlich die „Allmacht" der ohnmächtigen, gekreuzigten Liebe. Manipulative Methoden, Druck, Mitgliedergewinnung, gar Zwangsbekehrungen widersprechen zuinnerst dem Sendungsauftrag.

– In Johannes 13,34f heißt es: „Ein neues Gebot gebe ich euch: Liebt einander! Wie ich euch geliebt habe, so sollt auch ihr einander lieben. Daran werden alle erkennen, dass ihr meine Jünger seid: wenn ihr einander liebt." In der Zusammenschau mit Matthäus 28,19f wird das oben Angerissene noch offenkundiger. „Jüngerschaft", Berufung und Sendung erweisen sich in praktizierter Liebe.
Manchmal wird die zitierte Johannesstelle als „johanneischer Sendungsauftrag" bezeichnet; eigentlich ist es eine Beschreibung: Wo das Liebesgebot, das Gebot Jesu („mein Gebot") gelebt wird, werden die Jüngerinnen und Jünger als solche identifizierbar – und ihr Lebensstil wird anziehend. So heißt es schon im frühen 3. Jahrhundert in einer von Chiara oft zitierten Stelle bei Tertullian: „Seht, wie sie einander lieben und wie sie bereit sind, füreinander das Leben zu geben" (Tertullian, Apologetik 39,7).

„Taufen" und „Lehren" können von diesen Fundamenten nicht losgelöst werden: Nur darauf fußend und darauf zielend haben sie ihre Bedeutung. Das „Was" und das „Wie" der Weitergabe der Botschaft sind untrennbar ineinander verwoben. Wie könnte es anders sein, wenn Gott Liebe ist, Beziehung?!
Gott schenkt sich: Liebe, Beziehung. *Ubi caritas et amor, Deus ibi est* – Wo Güte wohnt und Liebe, da ist Gott.

Berufen zum Leben „nach Art der Dreifaltigkeit", zum Leben „im dreifaltigen Gott"

Ausgehend von der Erfahrung, dass Jesus lebt, dass er, der Gesandte des Vaters, bei ihnen geblieben ist, haben die jungen Christengemeinden seine universale Bedeutung in kühnen kosmisch-endzeitlichen Dimensionen gesehen. Am Ende, so Paulus, werde Christus „seine Herrschaft Gott, dem Vater" übergeben; „damit Gott alles in allem sei" (1 Korinther 15,24-28). Die Offenbarung des Johannes spricht vom „neuen Jerusalem, das aus dem Himmel herabkommt von meinem Gott" (3,12) und von „einem neuen Himmel und einer neuen Erde" (vgl. 21,1). Jesu Sendung, so formuliert es das Johannesevangelium im 17. Kapitel, zielt auf unsere Hineinnahme in das Leben Gottes: „Alle sollen eins sein: Wie du, Vater, in mir bist und ich in dir bin, sollen auch sie in uns sein, damit die Welt glaubt, dass du mich gesandt hast. Und ich habe ihnen die Herrlichkeit gegeben, die du mir gegeben hast, damit sie eins sind, wie wir eins sind ... Vater, ich will, dass alle, die du mir gegeben hast, dort bei mir sind, wo ich bin" (17,21-24). Hier ist der Zielpunkt der Sendung in Worte gefasst; für Chiara war dies das tragende Grundmotiv. Darauf zielt alles Leben: dass die Frohe Botschaft Kreise zieht. Und es ist alles andere als weit weg von der Realität; es ist ja jenes „göttliche Leben", das diese Welt durchdringen will, „wie der Wein ein Stück Brot tränkt" (s. oben, S. 67f). Es wird konkret, wo Mühsal, Hunger, Schicksalsschläge und Freuden geteilt werden (ebd.) und wo Liebe gegenseitig wird: Da will, da kann dieses göttliche, dreifaltige Leben zum Tragen kommen, wie Chiara in einem Text aus einer Zeit mystischer Erfahrung schreibt:

Voller Licht erschien uns das Wort ... Jesu: „Liebt einander, wie ich euch geliebt habe" [Johannes 13,34], das im Übrigen dem aus dem an den Vater gerichteten Wort entspricht – und da noch einmal geweitet wird: „Alle sollen eins sein [...]. Ich in ihnen und du in mir, damit sie vollendet seien in der Einheit" [Johannes 17,21.23]; hier sieht man die ganze Kirche als Mystischen Leib mit Jesus als Haupt, durch den das göttliche, dreifaltige Leben zu den Gliedern gelangt. – Wir setzten das so in Leben um, wie wir es verstanden, und wir sahen es als Synthese des ganzen Evangeliums, eine so vollständige Synthese, dass sie das Beste bewirkt, was man erhoffen kann: die Fülle des Lebens der Kirche, des Mystischen Leibes, in dem die Glieder das Leben Jesu in einem solchen Maße leben, dass sie ihrerseits Jesus sind, nicht nur aufgrund des Lebens der Gnade, das in ihnen ist und sie am göttlichen Leben teilhaben lässt, sondern auch, weil dieses Leben so voll oder überfließend ist (auch wenn es für eine neue Fülle offen ist), dass es sich auf die [Schwestern und] Brüder ergießt und immer wieder ergießt, sodass sie alle durch Jesus in der Mitte (was bedeutet: „Wo zwei oder mehr ...") ein einziger Leib, eine Seele, ein Jesus sind.[28]

Es ist wichtig, die Einheit als Fundament, als Zentrum und als Ziel zu sehen. In dieser von Gott gewollten Einheit werden zwei Seelen zu einer und

---

28 Chiara Lubich, Paradiso '49, cpvv. 1539-1540, zitiert nach: Jesús Morán, Fedeltà dinamica, Rom 2023, 118.

blühen neu auf, gleich und verschieden – wie in der
Dreifaltigkeit. Brief vom 11.5.1948, zit. in: Povilus, 55

Die Einheit, die Gott für uns Menschen möchte,
ist eine Einheit in der Unterscheidung.

Liebe als Ideal, 21f

In dieser Berufung zum Einssein „nach Art der Dreifaltigkeit" (also nicht in Uniformität) *liegt immer auch schon die Sendung.* Was Bernhard von Clairvaux in seinem berühmten Brief an seinen Schüler, Papst Eugen III., vom Einzelnen sagte – dass er eine gut gefüllte Schale sein solle, damit das Wasser der Quelle auf andere überströmen kann, gilt entsprechend von der Gemeinschaft der Jüngerinnen und Jünger Jesu: Erfüllt, ja übervoll vom göttlichen Leben auch dank ihrer Einheit in der Liebe, kann dieses Leben auf andere „überströmen". Aus der Quelle, d. h. der Präsenz des Auferstandenen lebend, kann sie ihn schenken. Wie gesagt: Die wichtigste Botschaft ist ja nicht so sehr „etwas", sondern *jemand*, der Auferstandene – und in ihm der Vater.

Jesus hat mit seiner Menschwerdung den Himmel
auf die Erde gebracht, indem er uns gelehrt hat,
das Leben der Dreifaltigkeit zu leben. Er sagt von
sich: „Wer mich gesehen hat, hat den Vater gesehen"
(Johannes 14,9).

Wenn nun die Christen durch die gegenseitige
Liebe untereinander eins sind, wie Jesus und der
Vater eins sind, dann verwirklicht sich das Augustinus-Wort: „Siehst du die Liebe, dann siehst du die
Dreifaltigkeit." NSt 7–8/2003, 12

WER VERKÜNDET?
DER GESANDTE UND DIE GESANDTEN

Nach dem Blick auf „die Botschaft", wie sie bei Chiara akzentuiert ist, im Folgenden einige Texte von ihr, die etwas sagen über den bzw. die Überbringer der Botschaft: Wer verkündet?

Der Gesandte des Vaters ist Jesus selbst. „Gesalbt mit dem Heiligen Geist und mit Kraft", zog Jesus umher „und tat Gutes", formuliert es Lukas in wunderbar einfachen und tiefen Worten (Apostelgeschichte 10,38; so hat er Menschen in Bann gezogen: „Was ist das? Eine neue Lehre mit Vollmacht: Sogar die unreinen Geister gehorchen seinem Befehl" (Markus 1,27). In dem, was er sagt und tut, kommt Gott selbst zum Zug. In der Kraft des Geistes bringt er die Liebe Gottes – bringt er Gott, die Liebe. Das ist seine tiefste Identität als Gesandter.

Aber er bezieht die Seinen in seine Sendung ein. „Wie mich der Vater gesandt hat, so sende ich euch" (Johannes 20,21); „Wie du mich in die Welt gesandt hast, so habe auch ich sie in die Welt gesandt" (Johannes 17,18). Das geht nur verbunden mit ihm: Sie sollen „in ihm" sein, in ihm und dem Vater (17,21.23). Auch der matthäische Sendungsauftrag ist, wie gesehen, verknüpft mit der Verbundenheit Jesu mit den Seinen: „Ich bin bei euch alle Tage bis zum Ende der Welt" (Matthäus 28,20). Er will durch uns seine Sendung weiterführen. Chiara kommt wieder und wieder darauf zurück, dass Weitertragen der Botschaft primär heißt: *ihm selber* Raum geben, ihn in uns und unter uns wirken lassen.

Wenn wir ihn [Christus, den Gekreuzigten] in uns leben lassen, *sind* wir Liebe; nicht mehr wir leben, sondern er in uns (vgl. Galater 2,20). So kann Gottes Wille in uns Gestalt annehmen; wir leben nicht für uns selbst, sondern versuchen, für die anderen Liebe zu sein. Wenn wir innerlich frei und offen sind, können sie bei uns abladen, wovon ihr Herz voll ist. Wer so seine Ängste, seine Nöte und Sorgen ablegen konnte, fühlt sich oft befreit, öffnet sich vielleicht sogar für Gottes Liebe. So kann der Same auf guten Boden fallen (vgl. Markus 4,1-9), und das Reich Gottes, um dessen Kommen wir täglich bitten, breitet sich aus.   Sehnsucht, 94

JESUS LEBEN LASSEN – „IN UNS": SICH SELBST EVANGELISIEREN

Bei Jesus sein, sich von ihm, seinem Wort prägen lassen, das ist „Evangelisierung, erster Akt" (Chiara Lubich). „Frucht bringen" setzt die Verbundenheit mit ihm voraus: Wie Reben mit dem Weinstock sollen wir mit ihm verbunden sein (vgl. Johannes 15,1-8). Dann kann seine Liebe uns durchströmen, wir werden transparent für ihn und seine Botschaft.

Das Erste, um „gut evangelisieren" zu können, ist: uns dranzumachen, uns selbst gut zu evangelisieren und das Evangelium zu leben!

In einem Interview mit Radio Vatikan, Krakau, 19.8.1991

Manchmal möchte man alles Mögliche unternehmen und nur noch arbeiten (auch im religiösen Bereich), damit sich die Dinge in der Welt ändern. Doch wenn wir dieses Ziel erreichen wollen, müssen wir damit anfangen, uns selbst zu ändern. Eine wirkliche Erneuerung der Gesellschaft ist nur denkbar, wenn sich Menschen vom Evangelium prägen und erneuern lassen. A1, 254

Die Worte Jesu sind Worte des Lebens. Sie sind uns überliefert in den Evangelien und wollen in uns Gestalt annehmen, damit wir nicht „Analphabeten des Evangeliums" bleiben, sondern mit dem eigenen Leben „Christus" schreiben. Sehnsucht, 306

Paulus schreibt: „Gleicht euch nicht dieser Welt an, sondern wandelt euch und erneuert euer Denken, damit ihr prüfen und erkennen könnt, was der Wille Gottes ist" (Römer 12,2). Gottes Willen erkennt man Augenblick für Augenblick, wenn man auf die Stimme des Geistes in sich hört und ihr folgt. Den Galatern rät Paulus: „Lasst euch vom Geist leiten" (5,16). Dazu müssen wir feinfühlig für das Göttliche werden; das Gespür dafür, was dem Evangelium entspricht, gibt uns der Geist ... Und um hellhörig für die Stimme des Geistes zu werden, erachtet Paulus zweierlei für notwendig. Als Erstes ein Leben der gegenseitigen Liebe in einer christlichen Gemeinde: „Ich bete darum, dass eure Liebe immer noch reicher an Einsicht und Verständnis wird, damit ihr beurteilen könnt, worauf es ankommt" (Philipper 1,9f). Sodann das Gebet, denn es ist auch ein Geschenk, den Willen Gottes zu erkennen: „Wir hören nicht auf, inständig für euch zu be-

ten, dass ihr ... den Willen des Herrn ganz erkennt"
(Kolosser 1,9). Der Wille Gottes, 22f

„Wer mich gesehen hat, hat den Vater gesehen" (Johannes 14,9),
kann Jesus sagen; denn er ist „von Gott" (6,46), er ist beim Vater,
ihm ganz zugewandt (vgl. Johannes 1), auf seinen Willen ausgerichtet. *So ist er Gesandter, Zeuge des Vaters.* Entsprechend gilt
für die Seinen: Ihm zugewandt, im Zusammensein mit ihm, in
der Ausrichtung an seinem Wort können sie seine Zeugen sein,
Mitverkünder seiner Botschaft in Wort und Tat.

Schon am Anfang seines öffentlichen Auftretens hat Jesus
Menschen um sich gesammelt, die er senden wollte: „die Zwölf",
„Apostel" [= Boten, Sendboten], Jüngerinnen und Jünger: Menschen, die er aussendet mit seiner Frohen Botschaft. Die Zwölf
„sandte er aus, das Reich Gottes zu verkünden und die Kranken
gesund zu machen. Er sagte zu ihnen: Nehmt nichts mit auf den
Weg, keinen Wanderstab und keine Vorratstasche, kein Brot,
kein Geld und kein zweites Hemd!" (Lukas 9,2); ähnlich heißt es
bei der Aussendung von 72 anderen, die er „zu zweit" sendet:
„Heilt die Kranken ... und sagt ihnen: Das Reich Gottes ist euch
nahe!" (Lukas 10,1-9). Er sandte sie, so heißt es, „vor sich her in
alle Städte und Ortschaften, in die er selbst gehen wollte" – „vor
sich her", sozusagen als seine Wegbereiter.

Jesus, das menschgewordene Wort Gottes, wird im
Johannesevangelium „der Einzige" genannt, „der
Gott ist und am Herzen des Vaters ruht ..." (Johan-
nes 1,18). Das bedeutet: Er ist ganz dem Vater, dem
Herzen des Vaters zugewandt. Jesus, der Sohn, der
Logos, das „Wort", liebt den Vater. Immer hat er den
Willen seines Vaters im Himmel erfüllt. Er redete
nur von dem, was er zuvor vom Vater gehört hatte.

Immerzu sprach er vom Vater, lebte ganz in ihm. Jesus hat das Werk vollbracht, das der Vater ihm aufgetragen hatte. Eine solche Haltung gegenüber Gott sollten auch wir einnehmen, wenn wir den Wunsch haben, ihn wirklich zu lieben: auf Gott ausgerichtet sein, auf ihn hören, ge-horchen, tun, was er will, damit er auch durch uns wirken kann.   A1, 91

Transparent für Gott sei unser Herz und sei unser Geist ... *Er* möge durchscheinen aus unseren Worten, unserem Tun und unserem Schweigen, aus unserem Leben und Sterben, solange wir in der Welt sind und wenn wir sie einmal verlassen haben. Wo immer es uns möglich ist, sollen wir die Leuchtspur seiner Gegenwart hinterlassen.   Cercando, 149f

Sagen wir immer wieder: „Mein ganzes Glück bist du allein, Herr" (Psalm 16,2). Ich möchte, was du willst. Wir werden merken, dass wir tiefer mit Gott vereint und von ihm erfüllt werden. Und so legen wir das Fundament: jenes „Sein", das grundlegend für unser Zeugnis ist; es ist gewissermaßen der erste Akt der Evangelisierung ... Wenn wir dann den Mund öffnen und reden, werden es nicht nur Worte sein oder, schlimmer noch, Geschwätz, vielmehr kann das, was wir sagen, Menschen öffnen für die Liebe, für Jesus.   28.11.1991, in: Conversazioni, 440-442

OHNE SICHERHEITEN UND BALLAST: ZEUGEN IN DER KRAFT DES GEISTES

Gott, Jesus in sich leben lassen – das ist Werk des Heiligen Geistes. In seiner Kraft, „mit ihm" haben die Jünger den Auferstandenen mutig verkündet: Direkt auf das Pfingstereignis folgt die Pfingstpredigt des Petrus, in der er von Jesus spricht und davon, dass Gott ihn auferweckt hat (Apostelgeschichte 2). Dieser Geist ist auch uns verheißen, geschenkt; wir können ihn erbitten, damit er auch durch uns Menschen neue Hoffnung schenkt und „Wunden heilt":

Vollkommen sein in der Liebe heißt: Herz, Hand und Mund dem Heiligen Geist zur Verfügung stellen, der durch uns Menschen nah und fern Hoffnung schenken, Wunden heilen und viele zu Gott führen kann! AB. 51

Wie der Vater und der Sohn, so lebt auch der Heilige Geist in uns. Manchmal erleben wir, wie er wirkt, in Einzelnen oder in Gemeinschaften, die durch seine Gegenwart und seine Atmosphäre erneuert werden. Diesem Geist können wir uns rückhaltlos anvertrauen ... Er schenkt uns Weisheit und die rechten Worte; er tröstet und stärkt uns.

In unità verso il Padre, 74-76

Er wirkt, „stärkt uns" – und „weht, wo er will" (vgl. Johannes 3,8). Der Geist ist der eigentliche Protagonist, der das Werk Jesu weiterführt und am Werk ist, auch in anderen, über die Grenzen der sichtbaren Kirche hinaus.

Jesus sendet die Seinen ohne Sicherheitsnetz aus: ohne Wanderstab und Vorratstasche, ohne Brot und Geld (vgl. Lukas 9,2). Kein Ballast, kein Reichtum und keine falschen Sicherheiten sollen dem Reich Gottes im Weg stehen. Wichtig ist, aufzubrechen, ohne Angst, sich schmutzig zu machen, wie Papst Franziskus betont: „Ein missionarisches Herz verschließt sich niemals, niemals greift es auf die eigenen Sicherheiten zurück, niemals entscheidet es sich für die Starrheit der Selbstverteidigung. Es weiß, dass es selbst wachsen muss im Verständnis des Evangeliums und in der Unterscheidung der Wege des Geistes, und so verzichtet es nicht auf das mögliche Gute, obwohl es Gefahr läuft, sich mit dem Schlamm der Straße zu beschmutzen" (Evangelii gaudium, 45).

„Zu zweit" sendet Jesus die 72 aus: Das Zeugnis von zweien zählt, zu zweit ist man sicherer. Und, so könnte man losgelöst von der Begebenheit mit Verweis auf Matthäus 18,20 sagen: Zweien oder dreien, die „im Namen Jesu" unterwegs sind, ist seine Gegenwart verheißen. Aber es braucht „Mut", vor allem *darauf* zu setzen, wie Chiara eigens anmerkt:

Es ist Gott, der zwei Menschen eins macht, indem er selbst als der Dritte, als ihre Beziehung hinzutritt: Jesus unter ihnen. So kreist die Liebe, und wie ein reißender Fluss erfasst sie alles, was die beiden besitzen, geistige und materielle Güter. Nach außen hin ist dies ein wirksames Zeugnis der echten, einenden Liebe.

Wir brauchen freilich *den Mut, uns nicht zu sehr auf andere Mittel abzustützen*, wenn wir das Christentum wieder lebendiger werden lassen möchten. Lassen wir Gott in uns leben, auf dass er wie ein Strom von Leben auch andere erreicht und die verlebendigt, die wie erloschen sind. Und halten wir ihn unter uns lebendig durch die gegenseitige Liebe. So geschieht ein tiefgreifender Wandel um uns herum: in der Politik und in der Kunst, im Schulwesen, in der Arbeitswelt, im privaten Leben, in der Freizeit, in allem. AB, 167

JESUS LEBEN LASSEN – „UNTER UNS": DIE GEMEINSCHAFT ALS SUBJEKT DER EVANGELISIERUNG

Die Sendung „zu zweit" lenkt so den Blick auf die Gemeinschaft. Eine überzeugende Gemeinschaft hat Strahlkraft. Das zeigt schon die Apostelgeschichte, die Erzählung des Lukas von den Anfängen der Christengemeinden: „Alle, die glaubten, ... hatten alles gemeinsam. Sie verkauften Hab und Gut und teilten davon allen zu, jedem so viel, wie er nötig hatte. Tag für Tag verharrten sie einmütig im Tempel, brachen in ihren Häusern das Brot und hielten miteinander Mahl in Freude und Lauterkeit des Herzens. Sie lobten Gott und fanden Gunst beim ganzen Volk. Und der Herr fügte täglich ihrer Gemeinschaft die hinzu, die gerettet werden sollten" (2,44-47). „Die Menge derer, die gläubig geworden waren, war ein Herz und eine Seele. Keiner nannte etwas von dem, was er hatte, sein Eigentum, sondern sie hatten alles gemeinsam. Mit großer Kraft legten die Apostel Zeugnis ab von der Auferstehung Jesu, des Herrn ..." (4,32-34).

Die Kraft zum Zeugnis und das „Wachstum" der Gemeinde hängen nicht zuletzt an der „Einmütigkeit" und ganz konkret gelebten Gemeinschaft: Eine solidarische Gemeinschaft strahlt aus. Chiara lud wie erwähnt zu einer „Kultur des Gebens" ein:

Vieles können wir geben: ein Lächeln, Verständnis, Vergebung, ein offenes Ohr, unsere Intelligenz, unseren Willen, unsere Verfügbarkeit, unsere Zeit, unsere Talente, unsere Ideen …, unsere Mitarbeit, unsere Erfahrungen, unsere Fähigkeiten, unseren Besitz (den wir regelmäßig überprüfen sollten, damit nichts angehäuft wird und alles kreist).

Geben – dieses Wort sollte uns keine Ruhe lassen. Machen wir uns dieses Motto zu eigen, damit Gott verherrlicht wird und man auch von uns wie von den ersten Christen sagen kann: „Sie waren ein Herz und eine Seele, und es gab unter ihnen keinen, der Not litt." Santi insieme, 104

Die Zeugniskraft der Gemeinschaft, anders gesagt: die Gemeinschaft als Subjekt der Evangelisierung ist eine Grunderfahrung von Chiara. Unermüdlich lenkte sie das Augenmerk auf die konkrete gegenseitige Liebe als ihr „Erkennungszeichen"; hier einige weitere Beispiele:

Liebt einander …" (Johannes 13,34, vgl. 15,12.18). Das ist die Berufung eines jeden Christen … Mich haben die Worte nachdenklich gemacht, die über die ersten Christen gesagt wurden: „Seht, wie sie einander lieben und wie sie bereit sind, füreinander das Leben zu geben" (Tertullian, Apologetik 39,7). Offenbar konnte man „sehen", dass einer für den anderen bereit war zu sterben. Vielleicht hing es damit zusammen, dass während der Christenverfolgungen sich nicht selten jemand anbot, anstelle eines anderen in den Tod zu gehen. Von uns wird so etwas im Allgemeinen nicht verlangt, und doch sollten wir auch dazu bereit sein ... Auch ein einfaches Lächeln, eine Geste, eine Tat der Liebe, ein Wort, ein Rat, eine Anerkennung, eine Zurechtweisung im richtigen Moment kann Ausdruck dieser Bereitschaft sein. Die Liebe zueinander *sichtbar* werden lassen ... In unserer säkularisierten Welt ist dieses Zeugnis für Christus nicht weniger wichtig als in der Frühzeit des Christentums. Cercando, 137f

In einem Gebet aus der Liturgie heißt es: „Du hast deinen Geist gesandt, um aus allen Nationen ein einziges neues Volk zu bilden, dessen Grundgesetz das Gebot der Liebe ist" *(Präfation der Messe [Wochentage VII, ital.]).* Das Grundgesetz des Gottesvolks, die „Regel" für die ganze Kirche, ist das Gebot der Liebe. Wenn wir diese Liebe verwirklichen, als hätten wir nichts anderes zu tun, ergibt sich alles Weitere ... Unser Herz „brennt"; wir werden eine neue Begeisterung für das wunderbare Leben spüren, das Gott uns geschenkt hat. Cercando, 140-144

Im Leben nach diesem „Grundgesetz" wird Kirche sie selbst. Und wenige genügen, sie präsent zu machen. „Wo drei versammelt sind, auch wenn es Laien sind, da ist die Kirche", schrieb Tertullian (De exhort. cast. 7: PL 2,971), da ist der Mystische Leib Christi. Dietrich Bonhoeffer spricht von „Christus als Gemeinde existierend". Der Auferstandene selbst, *der* Gesandte des Vaters, ist präsent. „Die geschichtliche Präsenz des auferstandenen Christus ist Quelle des Lebens und der Sendung der Kirche", schreibt Piero Coda; „er ist auf dem Weg des Gottesvolks nicht nur ... die nötige Voraussetzung; vielmehr ist er – in der Kraft des Geistes – auch seine ‚Frucht' und Gabe, die es zu bezeugen und mitzuteilen gilt ... Hat nicht er selbst verheißen: ‚Wo zwei oder drei in meinem Namen versammelt sind, da bin ich mitten unter ihnen' (Matthäus 18,20)? ... Als Gemeinschaft in Christus ist sie der Ort, mehr noch das Sakrament der Präsenz Christi hier und heute für alle. So ... lebt sie ihre Sendung."[29]

Wie können wir dich der Welt geben, dich „aussprechen", bezeugen und verkünden, wenn wir durch die Straßen gehen ...? Woran sollen die Menschen dich erkennen? „Daran werden alle erkennen, dass ihr meine Jünger seid: wenn ihr einander liebt." Das ist die „Tracht", die alle Christen anlegen können: Jung und Alt, Frauen und Männer, Verheiratete und Ehelose, Erwachsene und Kinder, Kranke und Gesunde. Sie alle können so durch ihr Leben überall und immer den verkünden, an den sie glauben und den sie lieben möchten.   A1, 275

Unwillkürlich stellt sich die Frage: Wie überzeugend ist das Zeugnis der Gemeinschaft, der Kirche? Welches Image haben wir Christen? Zumindest zum Teil immer noch das von Moralaposteln? Rückwärtsgewandten Bewahrern? Glaubenswächtern? Verfechtern einer Verbotskultur? Kirche als Spaßbremse?

---

29 Piero Coda, a. a. O., 94f.

„Das darfst du nicht! Du musst! Wir müssen! Wir sollten!"? Je höher der Anspruch, desto größer ist die Gefahr des Perfektionismus und eines falsch verstandenen (!) „Strebens nach Heiligkeit", das leicht in Härte anderen gegenüber umschlägt. Heiligkeit ist nicht Perfektionismus. Barmherzigkeit ist gefragt, mit uns selbst wie mit anderen. „Nur bei dem Gesetz stehen zu bleiben bedeutet, den Glauben und das göttliche Erbarmen zu vereiteln ... Es ist die Zeit, dem Erfindungsreichtum der Barmherzigkeit Raum zu geben" (Papst Franziskus, Misericordia et misera, 11; 18). In der Gemeinschaft um den Auferstandenen muss Platz für alle sein: „Die Kirche ist berufen, immer das offene Haus des Vaters zu sein"; sie „muss der Ort ... sein, wo alle sich aufgenommen und geliebt fühlen können, wo sie Verzeihung erfahren und sich ermutigt fühlen können, gemäß dem guten Leben des Evangeliums zu leben" (Evangelii gaudium, 47.114).[30]

---

[30] Dabei sind auch Themen von Belang, die etwa der Synodale Weg der katholischen Kirche in Deutschland aufgegriffen hat und die sich auch auf Weltebene stellen, Fragen nach nötigen strukturellen Veränderungen, nach der Sexualmoral, nach der Rolle der Frauen in der Kirche etc. Auch von Antworten auf solche Fragen hängt die Zeugniskraft der kirchlichen Gemeinschaft ab – wie auch von der Art und Weise des Umgangs miteinander im Ringen um Antworten. „Daran werden alle erkennen, dass ihr meine Jünger seid: wenn ihr einander liebt!"? Auch ein noch so gut gemeintes „Hochhalten der Wahrheit" kann ruinös für das Zeugnis sein, wenn das „Erkennungszeichen" abhanden kommt.
Im Übrigen darf man Reformforderungen und Reformdebatten „nicht dadurch madig machen, dass man auf den Vorrang der Evangelisierung als christlich-kirchlicher Aufgabe verweist. Aber es wäre viel damit gewonnen, wenn klar würde, dass solche Diskussionen und Beschlüsse immer in den Zusammenhang der ... Bemühungen um ein glaubwürdigeres christliches Zeugnis gehören" (Ulrich Ruh: https://kreuz-und-quer.de/2022/06/09/ fremdprophetie-fuer-die-kirche/ (Anmerungen des Herausgebers).

Eine Aufgabe der ganzen Kirche

Allerorten ist spürbar, wie wichtig ein neues Bewusstsein für die Mitverantwortung *aller* in der Kirche für ihre Sendung ist. *Alle* Christen können „wirkliche Träger der Evangelisierung sein" (Papst Paul VI., Evangelii nuntiandi, 21) und sind gerufen, mitzuwirken, dass jede „Zelle" von Kirche, jede Zusammenkunft, jeder Ort ein Ort der Liebe und Gemeinschaft wird.

Wir Christen tragen eine große Verantwortung, denn wir sind gerufen, Zeugen Christi zu sein. An unserem Verhalten sollen andere die Botschaft ablesen können, die Jesus auf die Erde gebracht hat. Manchmal aber legen wir ein schwaches Zeugnis ab oder gar keines oder ein entstelltes ... Die Welt zieht ihre Schlüsse zwangsläufig aus dem, was sie sieht: zum Beispiel, dass die Religion Menschen niederbeuge, ohne sie im Innersten zu verändern. Christen, die sich Jünger Christi nennen, aber nicht Christus in sich leben lassen, werfen einen Schatten auf ihren Glauben. Und so verfestigt sich die tragische Trennung zwischen den „Fernstehenden" und denen, in denen die göttliche Liebe so lebendig sein sollte, dass Menschen angezogen werden und zu Gott finden. Kurz, eine solche Religion spricht nicht an, weil sie entstellt ist.

Dabei verspüren auch Menschen, die sich zu keinem Glauben bekennen, durchaus eine gewisse Bewunderung, vielleicht auch einen unausgesprochenen Respekt vor Missionaren, die für Gott alles aufgeben … Ein Christentum aber, das nicht echt und konsequent ist, zieht viel Kritik auf sich. Dies gilt nicht nur für Fälle, die offen zutage liegen; es gibt auch subtilere Beispiele: Auch bei Menschen, die sich großherzig Gott geschenkt haben, finden wir nicht selten Fehler, Verhaltensweisen, die Anstoß erregen und die Schönheit unseres Glaubens trüben. – Gewiss, manchmal ist das Leben hart, ein „Tal voller Tränen"; manchmal findet jemand nur im Kreuz Halt. Er hält sich daran fest, aber … er bleibt dabei stehen …

Doch das österliche Geheimnis bezeugt uns, dass Jesus das Leben ist, das den Tod überwindet; ein Licht, das die Finsternis durchbricht; eine Fülle, die jede Leere erfüllt. Im Christentum ist das Kreuz wesentlich, aber als Mittel. Die Tränen sind Vorboten der Tröstung, die Armut weist voraus auf den künftigen Besitz des Reiches, die Reinheit öffnet den Zugang zum Himmel, Verfolgung und Sanftmut verheißen die Ewigkeit … Unser Erbe wird die Fülle der Freude sein, die Jesus denen verheißen und für die erbeten hat, die ihm folgen. Wünschen wir einander, Christus möglichst unverkürzt zu bezeugen, ihn, der unser Herz an sich gezogen und uns in die Gemeinschaft der Kirche hineingestellt hat. Auch wir können beitragen, dass sie schöner wird und die Menschen aufatmen und sie als die erkennen können, die sie eigentlich ist. A1, 82-84

Chiara legte großen Wert auf das *gemeinsame* Zeugnis und die Mitverantwortung der Einzelnen, gleich welcher Berufung. Sie selbst hat öfter auch vor Bischöfen, auch bei ökumenischen Bischofstreffen[31], ihr Zeugnis gegeben, ihr Charisma eingebracht, als Frau, als „Laiin". „Gott braucht uns", eine jede, einen jeden, schreibt sie in einem Text aus dem Jahr 1949:

Heute verstehe ich, dass jeder von uns an seinem Platz unersetzlich ist. Wir sind von Gott gerufen worden, um *Er zu sein* …: um also lebendige Worte des Lebens zu sein. Und der Ruf Gottes des Vaters ist unwiderruflich … Wir glauben so sehr an die Liebe Gottes, dass wir glauben, dass er uns braucht für seinen Plan der Liebe … Wir sind also an dem Platz, an den Gott uns gestellt hat, unersetzlich.[32]

Jeder ist „an seinem Platz unersetzlich", das gilt für Groß und Klein, Jung und Alt, nicht zuletzt auch für die Familien …

Eine Familie, in der die gegenseitige Liebe lebendig ist, eine Familie, welche die Schwierigkeiten bewusst als „Kreuz" annimmt und erlebt, dass die Liebe immer neu aufblühen kann, eine Familie, in der

---

31 Vgl. hierzu z. B. die Ausführungen von Bischof Christian Krause, dem ehemaligen Präsidenten des Lutherischen Weltbunds, in: Dieter Rammler, Christian Krause. Weite wagen, München 2023, 287-295 .

32 Paradies '49, Aufzeichnung vom 8.11.1950, zit. nach Ann, 54. Zur Entsprechung von „Jesus sein" und „lebendige Worte des Lebens sein" vgl. 1 Johannes 1,1 und Galater 2,20: Wir sind gerufen, Jesus, *das* „Wort des Lebens", in uns leben zu lassen, als „lebendige Worte" (Plural), als Söhne und Töchter Gottes in ihm, *dem* Sohn, eins *in* Unterschiedenheit.

die Kinder eine Atmosphäre vorfinden, die ihnen und ihrer Entwicklung gut tut, eine Familie, die sich den Nöten der Menschheit nicht verschließt, eine solche Familie besitzt eine große Ausstrahlungskraft. Solche Familien wecken Hoffnung und Zuversicht, dass eine positive Entwicklung der Gesellschaft möglich ist …

Auch junge Leute, die nicht glauben und sich zu keiner Religion bekennen, sind davon fasziniert: Auch sie sind angezogen von einer Liebe, in der Menschliches und Göttliches verschmelzen …

Was wir brauchen, sind Familien, die in dieser Welt Gott bezeugen. Damit die Liebe lebendig bleibt, 10, 17, 31

Alle, die zum Gottesvolk gehören, haben als Getaufte Anteil am „dreifachen Amtes Christi als Priester, Lehrer und König" (LG 31), auch die sogenannten Laien. Sie sind *eingebunden in die communio*, die Gemeinschaft der Kirche, und stehen *im Dienst am „Wachstum" dieser communio*.[33] Wenn der Unterschied zwischen dem „geweihten Amt" und den „Laien" als wesensmäßig und „nicht graduell" bezeichnet wird, dann wird nach Papst Franziskus gerade dadurch (!) *die fundamentale Gleichheit aller Getauften* sichergestellt: Es gibt keine höheren und niederen „Grade" im Gottesvolk, wohl aber unterschiedliche Berufun-

---

33 Vgl. Johannes Paul II., Christifideles laici, 14. Die Teilhabe an Christi „königlichem Amt" beinhalte die Berufung „zum Dienst am Reich Gottes und an seiner Ausfaltung in die Geschichte"; „durch die Teilhabe am prophetischen Amt Christi, der ‚durch das Zeugnis seines Lebens und in der Kraft seines Wortes die Herrschaft des Vaters ausgerufen hat'", seien alle Getauften „befähigt und verpflichtet", „das Evangelium im Glauben anzunehmen" und „durch ihre Worte und ihre Werke zu verkündigen".

gen.[34] Mit Paulus gesprochen: Alle Getauften haben in der Verschiedenheit der Charismen und Aufgaben die gleiche Würde als „Glieder des Leibes Christi"; alle sind aktive, mitverantwortliche Weggefährten „in der einen und einzigen Sendung des Gottesvolks".[35]

Auch die liturgisch-sakramentalen Vollzüge können davon nicht losgelöst werden. Die Eucharistie, nach katholischem Verständnis Quelle und Höhepunkt (*„fons et culmen"*) „des ganzen christlichen Lebens" (LG 11), steht ihrerseits je neu im Dienst an der Sendung für die Welt: *„Ite, missa est* – Gehet hin, ihr seid gesandt!""", lautet der Entlassungsruf am Ende der heiligen Messe (der sich bedauerlicherweise in der deutschsprachigen Fassung nicht widerspiegelt).[36] Die Frage nach dem Wichtigsten ist so müßig wie die, ob Einatmen oder Ausatmen wichtiger seien. Ähnlich bei der Gottes- und Nächstenliebe: Die Gottesliebe ist das wichtigste Gebot, und das der Nächstenliebe ist diesem *gleich*: Es ist das eine doppelte Hauptgebot. – Kirche ist eine einzige differenzierte Gemeinschaft mit *einem* Ruf und *einer* Sendung: Sakrament der Einheit zu sein. Gemeinschaft, Gebet/Liturgie und Sendung/Weltgestaltung/tätige Liebe bilden bei allen Unterscheidungen eine Einheit.

* * *

Chiara Lubich versteht auch die Fokolar-Bewegung in ihren Sektionen, Zweigen, Bewegungen und Initiativen in dieser zutiefst kirchlichen Sendung, das Licht des Evangeliums auszustrahlen und zur

---

34 Vgl. https://www.vaticannews.va/de/papst/news/2023-10/papst-franziskus-dubia-zweifel-kardinaele-antworten-synode.html – Ferner: LG 10; Johannes Paul II., Christifideles Laici, 51. Das Thema verdiente eine weitere Vertiefung, u. a. im Blick auf die unterschiedlichen Funktionen und Kompetenzen im Kontext der Verkündigung (etwa „Predigt" und „Zeugnis" im Rahmen der Liturgie u. v. a. m.). Vgl. auch Piero Coda, in: Sinodalità e partecipazione, a.a.O., 100-102.
35 Vgl. Internationale Theologische Kommission, Die Synodalität im Leben und in der Sendung der Kirche, 2.3.2018, Nr. 107.
36 Mehr dazu in: Papst Benedikt XVI., Sacramentum caritatis, 51.

Einheit beizutragen.[37] Im kirchlich approbierten Statut des „Werks Mariens" (so der offizielle Name der Fokolar-Bewegung) ist dieses Anliegen festgehalten unter der Überschrift „Besonderes Ziel":

Das Werk Mariens möchte beständig, in Treue zum Heiligen Geist, unter dessen Führung es entstanden ist und sich entwickelt hat, die von Jesus genannten Bedingungen erfüllen (vgl. Matthäus 18,20), damit er dem Werk die Einheit schenken kann, gemäß seiner Bitte an den Vater: ‚Alle sollen eins sein" (Johannes 17,21). Es ist bemüht, diese Einheit dann unter den Christen zum Leuchten zu bringen, und setzt sich darüber hinaus für die universale Geschwisterlichkeit ein ...   AllgSt, Art. 6

Durch die Liebe, insbesondere die gegenseitige Liebe, möchten die Angehörigen der Bewegung „Licht, Salz und Sauerteig" sein (Art. 35); weiter heißt es:

Die Angehörigen des Werkes haben ... auch eine für sie typische Form des Apostolats. Um diese zu verwirklichen und vielen zu ermöglichen, Christus kennenzulernen, sind sie bemüht, die gegenseitige und beständige Liebe zu leben und so die Voraussetzungen zu erfüllen, die Jesus für das Geschenk der Einheit nennt. Sie halten sich daher an die Worte Jesu: „Daran werden alle erkennen, dass ihr meine

---

37 Vgl. hierzu auch die Konkretisierungen im Abschnitt: „Orte der Weitergabe der Botschaft in der Geschichte der Fokolar-Bewegung", unten S. 125f.

Jünger seid: wenn ihr einander liebt" (Johannes 13,35). „Wie du, Vater, in mir bist und ich in dir bin, sollen auch sie in uns sein, damit die Welt glaubt, dass du mich gesandt hast" (Johannes 17,21). AllgSt, Art. 36

Die Gruppen von Angehörigen der Bewegung an den verschiedenen Orten der Welt bilden „Gemeinschaften vor Ort". Diese sind schon als solche aufgrund der gegenseitigen Liebe, die sie beseelt, ein örtlicher Knotenpunkt der Einheit des Werkes und ein wirksames Mittel, um das Licht des Evangeliums auszustrahlen. AllgSt, Art. 43

AUTHENTISCHE ZEUGEN – SCHWACHE ZEUGEN

„Man muss die Illusionen beiseite lassen und den Men-
schen so annehmen, wie er ist: unvollendet, berufen zu
wachsen, in der Entwicklung."

Papst Franziskus, Amoris laetitia, 218

Bei allem Bemühen, sich selbst „evangelisieren zu lassen", bleiben wir persönlich wie als Gemeinschaft(en) „zerbrechliche, ir-
dene Gefäße", wie Paulus an die Korinther schreibt. Den uns ge-
schenkten „Schatz", den „Glanz des Evangeliums", das „Licht"
Christi, „tragen wir in zerbrechlichen Gefäßen; so wird deutlich,
dass das Übermaß der Kraft von Gott und nicht von uns kommt"
(2 Korinther 4,4-7).

Es ist tröstlich, dass Jesus im Hohepriesterlichen Gebet sagt:
„Für sie heilige ich mich, damit auch sie in der Wahrheit geheiligt
sind" (Johannes 17,19): *Er* heiligt sich für uns, die wir immer wieder auch versagen. Wir sollten nicht meinen, Gott würde erst
wirken, wenn wir „perfekt" sind. Wir sind es nie. Aus der Barmherzigkeit Gottes dürfen wir leben und immer neu beginnen.
„Blickt auf zu ihm, so wird euer Gesicht leuchten, und ihr braucht
nicht zu erröten", heißt es in Psalm 34,6. Ungeachtet aller Grenzen möchte der Herr „uns einsetzen als lebendige, freie und kre-
ative Menschen" (Papst Franziskus, Evangelii gaudium, 151).

Würden wir nur auf die „tönernen Gefäße"
schauen, die wir sind, könnten wir nur den
Mut verlieren. Doch worauf es ankommt und wor-
auf wir unseren Blick richten sollten, ist der „Schatz",
den wir in uns tragen. Paulus wusste um seine
Schwachheit, aber eben auch, dass darin das Licht
Christi leuchtete, dass Christus selbst in ihm lebte.
Deshalb konnte er mit großer Kühnheit jedes Wag-

nis eingehen, um *sein* Reich zu verbreiten ... Also wird auch unsere Schwachheit und Zerbrechlichkeit kein Hindernis sein und uns nicht mehr entmutigen können. Sie wird uns lediglich daran erinnern, dass das Licht und Leben, das Gott in uns und um uns herum entzünden will, weniger Frucht unserer menschlichen Fähigkeiten ist als vielmehr Wirkung seiner Präsenz in uns: *Er* ist am Werk, wie wir dankbar und voller Liebe feststellen. WdL, in: NSt 1/2003

Wir müssen zugeben, dass wir als Christen selten so sind, wie Jesus uns will. Vieles wäre anders, wenn zum Beispiel die Seligpreisungen ernst genommen würden. Dann gäbe es unter uns Christen nicht so oft ein hilfloses Sich-Ergeben, eine Passivität, obwohl man eigentlich aufbegehren möchte. Vielmehr käme die Sanftmut der Kinder Gottes zum Zuge, die auf friedliche Weise die Welt verändert ... Hass und Rachsucht würden schwinden, man würde einander vergeben, weil die zwischenmenschlichen Beziehungen von Barmherzigkeit geprägt wären ... AB, 15

Gott lässt uns nicht allein in unserem Bemühen um eine Erneuerung der Gesellschaft, an der ihm als Erstem gelegen ist. Machen wir uns dies bewusst und wenden wir uns an ihn, dem nichts unmöglich ist. Sehnsucht, 273

Die erste Zeugin des Auferstandenen war wie gesagt Maria Magdalena: eine „Sünderin" als „Apostelin der Apostel", wie schon Rhabanus Maurus und Thomas von Aquin sie nannten[38]. Und Petrus, der zu einem feurigen Verkünder wurde und eine herausgehobene Stelle in der jungen Christengemeinde innehatte, hatte kläglich versagt, als es darauf ankam. Seiner dreimaligen Verleugnung seines Herrn und Meisters entsprach dann das dreimalige Bekunden seiner Liebe dem Auferstandenen gegenüber (vgl. Markus 14,30; Johannes 13,38; 21,15-17). *Beides* tradiert die Heilige Schrift – und die Kirche verkündet es Jahr für Jahr. Umso deutlicher leuchtet die barmherzige Liebe Gottes auf, der neue Anfänge ermöglicht – und jeden Menschen in seinen Dienst nehmen kann. *Gott* agiert, *er* führt sein Werk weiter – auch in uns und durch uns, so schwach wir uns auch fühlen mögen und sind. Und vielleicht auch *nach* uns, wie Chiara schreibt:

Ich habe das Werk zu Ende geführt, das du mir aufgetragen hast" (Johannes 17,4), sagt Christus zum Vater. Er hat uns erlöst und die Kirche gegründet, die sein Werk fortsetzen soll. Auf Erden erlebte er nicht, wie sich die Kirche ausgebreitet und entwickelt hat. Und doch kann er sagen: „Ich habe das Werk zu Ende geführt ..." – Oft machen wir uns allzu menschliche Vorstellungen von dem, was Gott wohl durch uns erreichen will. Wir selbst bestimmen das Ziel und übersehen, dass die Geschichte der Menschheit und jedes Einzelnen letztlich in sei-

---

38 „Apostolorum apostola": Rhabanus Maurus, De vita beatae Mariae Magdalenae, c. CCVII; Thomas von Aquin, In Ioannem Evangelistam expositio, c. XX, L. III, 6.

ner Hand liegt. Freudig sollten wir uns damit „begnügen", das zu tun, was Gott von uns erwartet. Denn nichts ist schöner als das, was er für uns vorgesehen hat.

Und wenn wir uns eigentlich noch mehr gewünscht hätten, wollen wir uns mit denen solidarisch fühlen, die später weiterführen, was wir nur beginnen konnten. „Einer sät, und ein anderer erntet", doch „der Sämann und der Schnitter freuen sich gemeinsam" (Johannes 4,36f). AB, 96

„Wir dürfen nicht darauf warten, vollkommen zu sein und einen langen Weg in der Nachfolge Jesu zurückgelegt zu haben, um Zeugnis zu geben von ihm; unsere Verkündigung beginnt heute, dort, wo wir leben. Und sie beginnt nicht mit dem Versuch, die anderen zu überzeugen, sondern damit, jeden Tag die Schönheit der Liebe zu bezeugen, die uns angeschaut hat und uns erhoben hat, und diese Schönheit ... wird es sein, die die Menschen überzeugt." *Papst Franziskus, Generalaudienz vom 11.1.2023*

„Gott ist nahe der Niedrigkeit ..., wo wir uns Gott so fern fühlen wie irgend je im Leben, da gerade ist Gott uns so nah wie nie zuvor, da will er in unser Leben einbrechen." *Dietrich Bonhoeffer*

„Der Auferstandene lässt uns nicht allein, sondern agiert in unseren Schwachheiten; er ist es, der sein Werk fortsetzt, indem er uns neu seinen Geist schenkt – wie an Pfingsten." *Margaret Karram, in: Ann, 7*

Wer selbst seine Begrenztheit, wer Schmerz, ja Abgründe erlebt hat, wird umso mehr Verständnis für andere haben und Jesu Barmherzigkeit, Jesu „Mitleid mit den Menschen" nachempfinden können. Schmerzliche Phasen im Leben können den Boden bereiten, diesen zentralen Aspekt der Frohen Botschaft ganz neu, ganz anders zu verinnerlichen:

Wenn wir den Schmerz in seinen schlimmsten Formen erfahren und verschiedenste Ängste durchlebt haben, wenn wir Gott angefleht haben in stummem Schmerz, wenn selbst die Bitte um Hilfe nicht mehr über unsere Lippen kommt, wenn wir den Kelch bis auf den Grund geleert und Gott unser Kreuz Tage und Jahre hindurch geschenkt haben – mit dem seinen vereint erhält es göttlichen Wert –, dann hat Gott Mitleid mit uns und nimmt uns hinein in die Vereinigung mit sich ...

Dann zeigt Gott uns in einer neuen und höheren Weise, was wertvoller ist als der Schmerz: die Liebe zum Nächsten in der Gestalt der Barmherzigkeit, eine Liebe, die das Herz weit macht und den Armen, den Bettlern, den vom Leben Enttäuschten, den Sündern ... beisteht ... Man beginnt zu empfinden wie Jesus, der sagte: „Ich habe Mitleid mit diesen Menschen" (Matthäus 15,32) ... Die Barmherzigkeit ist der höchste Ausdruck der Liebe, ihre Erfüllung ... Gott zieht die Barmherzigkeit dem Opfer vor (vgl. Matthäus 9,32).   A1, 49f

Exkurs: Zwischen Wunsch und Wirklichkeit

Die Diskrepanz zwischen dem Wunsch, ein Zeugnis der Liebe zu geben, und der oft bedauerlichen Lebenswirklichkeit brachte schon Paulus in drastisch-plastischer Nüchternheit auf den Punkt: „Das ganze Gesetz ist in dem einen Wort erfüllt: Du sollst deinen Nächsten lieben wie dich selbst! – Wenn ihr aber einander beißt und fresst, dann gebt Acht, dass ihr nicht einer vom anderen verschlungen werdet!" (Galater 5,14f).

Schwächen und Verirrungen aber können Gottes Barmherzigkeit umso mehr aufleuchten lassen: Alle Liebe geht von ihm aus, und das bleibt so. Im Übrigen: Wer würde sich in einer Gemeinschaft (vermeintlich) Vollkommener am richtigen Platz fühlen?

Für den offenbar unüberwindbaren Graben zwischen Wunsch und Wirklichkeit findet sich bei Madeleine Delbrêl eine doppelte Empfehlung: Vertrauen auf Gottes Barmherzigkeit und *Humor*: „Wenn uns bewusst wird, was wir sind, / wäre es lachhaft, wirklich, / in unserer Liebe nicht ein wenig Humor aufzubringen. / Denn wir sind schon recht komische Gestalten ... / Herr, ich schenke dir mein Leben, mein ganzes Leben ..., / aber nicht dieses Stückchen davon, diese drei Minuten, / in denen ich keinerlei Lust habe zu arbeiten. / Herr, die Stadt, ganz Frankreich, ja das Universum will ich für dich gewinnen, / mich verzehren für dein Reich ..., / aber doch nicht diese unerträgliche Kreatur anhören, / die mir zum hundertsten Mal ihre winzigen Sorgen erzählt [...]. / Und in diesem Abenteuer der Barmherzigkeit wird von uns verlangt, / alles zu geben, was wir können, bis zum Ende, / zu lachen, wenn diese Gabe verpatzt ist, / beschmutzt und unrein. / Doch wir sollen auch staunen / voll Tränen der Dankbarkeit und Freude / über diesen unerschöpflichen Schatz, / der aus dem Herzen Gottes überfließt zu uns. / Da, wo sich Lachen und Freude kreuzen, / ruht unser unzerstörbarer Friede!"

Madeleine Delbrêl, Du lebtest, und ich wusste es nicht.
Gebete und poetische Meditationen, München 2023, 71-73

Vgl. zum Thema auch: Paolo Scquizzato, Lob des unvollkommenen Lebens, München ²2023.

GOTTES GEIST WIRKT UND SPRICHT –
AUCH „VON AUSSEN"!

„Wir müssen uns alle gefallen lassen,
dass die anderen uns ständig evangelisieren."
Papst Franziskus, Evangelii gaudium, 121

Manchmal spricht Gott zu seinem Volk „von außen", in einer Art „Fremdprophetie". Andere können zu anonymen Subjekten einer faktischen Evangelisierung werden. „Vorbilder von außen" finden sich auch in den Evangelien.

Jesus war ein Meister darin, durch den Hinweis darauf das Wesentliche umso deutlicher zu machen. Etwa wenn er über einen Hauptmann sagt, einen solchen Glauben (das heißt ein solches Vertrauen) habe er „in Israel noch bei niemandem gefunden" (Matthäus 8,10). Oder wenn er einen Samariter (einen partiellen Häretiker!) als Musterbeispiel gelebter Nächstenliebe anführt (vgl. Lukas 10,30-37).

Eindrücklich hat Chiara in einem Text von 1949 geraten, anderen zu begegnen „in einer Haltung des Lernens, denn", so fügt sie an, „wir haben wirklich zu lernen".

Zu lernen haben wir auch etwas über Gott: „Jedes Mal, wenn wir einem Menschen in Liebe begegnen, werden wir fähig, etwas Neues von Gott zu entdecken. Jedes Mal, wenn wir unsere Augen öffnen, um den anderen zu erkennen, wird unser Glaube weiter erleuchtet, um Gott zu erkennen" (Papst Franziskus, Evangelii gaudium, 272). Es braucht, so Chiara, offene Augen, ein „Sehen" mit den Augen Jesu, und die Bereitschaft, „sich von seinem Geist entzünden zu lassen":

Sehen wir, ob es in der Welt Spuren seiner Liebe, Zeichen seiner Gegenwart gibt ..., um uns seiner Liebe auszusetzen, uns von seiner Weisheit erleuchten und von seinem Geist entzünden zu lassen. Wenn wir das tun, wird Gott immer mehr in uns leben; er wird uns so sehr durchdringen, dass sein Leben in uns auch andere Menschen erfasst.

Für eine geeinte Welt, 63

Fremdprophetie durchzieht die Geschichte, auch die Kirchengeschichte. Evangelisierung wird so zu einem dynamischen, auch wechselseitigen Prozess; denn Gottes Geist ist vielfältig am Werk, die Welt ist voll von „Spuren Gottes". Trotz aller „dunklen Schatten, die nicht ignoriert werden dürfen", so Papst Franziskus, „fährt Gott fort, unter die Menschheit Samen des Guten zu säen", schreibt Papst Franziskus (Fratelli tutti, 54). Wie viel echte Liebe gibt es, oft im Verborgenen, wie viele Beispiele, die uns Mut und Hoffnung geben können, mehr noch: die uns helfen, uns von Gott immer mehr „durchdringen" zu lassen, wie Chiara hier formuliert.

WIE DIE BOTSCHAFT
WEITERTRAGEN?

HALTUNGEN, ORTE UND WEGE

GELEBTES ZEUGNIS

„Wie du mich, ... so ich sie"; „... wie ich euch geliebt habe": Oft, insbesondere im Johannesevangelium, ist vom „Wie" die Rede. Dieses „Wie" hatte es Chiara angetan – mit unmittelbaren Konsequenzen auch für unser Thema. Wie die Botschaft weitertragen? Vieles ist schon angeklungen. Wo Jesu Botschaft Menschen innerlich ergreift, entfaltet sie ihre Kraft. Wo Liebe ist, gegenseitige Liebe, wo Leid gelindert, Schöpfung bewahrt, Frieden gestiftet wird, wo Einheit wächst, kommt die Botschaft zum Tragen. Wo Gott, sein Geist, der Auferstandene Raum bekommt, wo er in und unter Menschen wirkt, wächst „Reich Gottes". Die Anregungen von Chiara knüpfen durchweg an der Botschaft Jesu an, wobei sie typische Akzente setzt, aus denen ihr „Charisma der Einheit" durchscheint. Im Folgenden sollen anhand weiterer Texte einzelne Punkte aufgegriffen und vertieft werden: Soll Liebe absichtslos sein? Oder nicht doch andere „gewinnen" wollen? Wie ist das mit dem Verhältnis von (Lebens-)Zeugnis und ausdrücklicher Verkündigung, von Leben und Reden? Wie passen Evangelisierung und Dialog zusammen? Als Leitwort bietet sich eine Beobachtung von Papst Paul VI. an: „Der heutige Mensch hört lieber auf Zeugen als auf Lehrer, und wenn er auf Gelehrte hört, dann deshalb, weil sie Zeugen sind" (vgl. Evangelii nuntiandi, 41).

Die Wichtigkeit einer absichtslosen Liebe im Wissen um ein großes Geschenk

> *„Alles, was frei ist, ist im Keim bereits christlich."*
> Chiara Lubich (A1, 285)

Liebe kann nicht aufgedrängt werden. Gott, der die Liebe ist, lässt Menschen frei. Jesus selbst hat niemanden gezwungen. Selbst, wo es offensichtlich scheint, was einem anderen dienen würde, fragt er: „Was willst du, das ich dir tun soll?" (Lukas 18,41). Nichts darf aufgedrängt werden. Aber: Es ist auch nicht zu übersehen, dass es im Menschen eine verborgene Sehnsucht nach einem „Mehr" an Leben, an Liebe, an Fülle gibt. Und wer erfahren hat, dass da jemand ist, der darauf zu antworten vermag („Der Herr stillt mein Verlangen", Psalm 23,3), der wird das nicht verschweigen, sondern, wenn es passt, anbieten. Absichtslosigkeit heißt nicht Vorenthalten des Angebots, das Gott uns in Jesus macht. Chiara Lubich war überzeugt: Jesus ist *die* Antwort auf die verborgene Sehnsucht. Es ist ein großes Glück, mit ihm leben zu können. Wer ihn „gefunden" hat, besser: wer von ihm gefunden wurde, dem ist ein großes Geschenk anvertraut.

Es gibt in unserer Zeit eine Sehnsucht, die nur von wenigen wahrgenommen wird. Doch wer den Menschen als Ganzen sieht, wer weiß, woher er kommt und wozu er lebt, der spürt hinter dem verbreiteten Verlangen nach Hilfe und Orientierung, hinter der Not und dem Leid so vieler Menschen in aller Welt eine verborgene Sehnsucht nach Jesus: Man wünschte, er käme wieder …

Jesus muss wiederkommen … – in „neuen Menschen" (vgl. Epheser 4,24), in uns. Er soll auch heute durch die Welt gehen und uns zeigen, wie wir seine Worte und Taten „wiederholen" können. Ja, er möge uns verstehen lassen, wie er heute leben würde, in unserer Zeit mit all ihren Errungenschaften … Die Welt wartet auf ihn; in dem Wort „Jesus" findet sich Antwort auf ungezählte Fragen und Probleme, die uns heute umtreiben. Città Nuova (20.1.1958), 1

Wie schön wäre es, wenn möglichst viele Menschen entdecken würden, wie glücklich sie sein könnten – wenn ihnen bewusst wäre, dass sie nicht allein sind auf dieser Erde: Sie haben einen Vater, der sie liebt. Er überlässt seine Kinder nicht einfach sich selbst, sondern begleitet und beschützt sie auf ihrem Weg und will ihnen helfen. Er lädt ihnen keine Lasten auf, die sie nicht tragen könnten, sondern trägt die Lasten mit ...

Cerini, 44

Menschen für die Frohe Botschaft gewinnen, für ein Leben in der Freiheit der Kinder Gottes, das geht nicht mit der Angel in der Hand. „Menschenfischer" im Sinne Jesu lassen Menschen frei. Diesbezüglich ist die Geschichte des Christentums bis heute voller Sündenfälle; auch manipulative Strategien, Geistlicher Missbrauch, Machtmissbrauch, „Bewusstseinskontrolle" etc. gehören da hinein. Sie führen (manchmal unbewusst und ungewollt) zu tiefen Verletzungen. Immerhin ist die Sensibilität für dieses schmerzliche Kapitel in der Kirche gewachsen, auch in Ordensgemeinschaften und Geistlichen Bewegungen.[39] Glaubwürdig ist Christentum nur, wo Liebe ohne Hintergedanken ist. Dies, so Chiara, sei immer ihr Wunsch gewesen:

---

39 Auch die Fokolar-Bewegung hat Anlaufstellen für Betroffene geschaffen: www.fokolar-bewegung.de/seite/kontaktstelle-geistlicher-missbrauch – Zum Thema vgl.: Neue Stadt, Januar/Februar 2021; Doris Wagner, Spiritueller Missbrauch in der katholischen Kirche, Herder, Freiburg im Breisgau, 2019; Stephanie Butenkemper, Toxische Gemeinschaften. Geistlichen und emotionalen Missbrauch erkennen, verhindern und heilen, Freiburg 2023; Bernhard Deister, Diener Eurer Freude (2 Kor 1,24) – Hinweise zur Prävention von Geistlichem Missbrauch im Kontext Geistlicher Bewegungen und Gemeinschaften, veröffentlicht in der Korrespondenz für die Spiritualität der Exerzitien 2019-1 und auf geistlich.net.

W ir haben viele Menschen für Gott gewonnen, weil wir nichts anderes wollten, indem wir diejenigen liebten, die uns begegneten. Diese Selbstlosigkeit war der Magnet, der viele anzog, und so bildete sich um uns herum eine Gemeinschaft.

In einem Brief vom 3.11.1954, in: Lettere, 297

„Die Liebe in ihrer Reinheit und Absichtslosigkeit ist das beste Zeugnis für den Gott, ... der uns zur Liebe treibt" (Benedikt XVI., Deus Caritas est, 31).[40] – Der Wunsch, „ohne Hintergedanken" zu lieben, habe sie beseelt, erzählt Graziella de Luca, eine von Chiaras Gefährtinnen: „Wir liebten nicht, um Menschen für Gott zu gewinnen, nicht um ‚Berufungen zu haben', sondern nur um Gott zu lieben. Das war das Geheimnis" (Ann, 64). Für Chiara ist die Absichtslosigkeit ein unverzichtbares Merkmal der Liebe Christi:

D er Liebe des Menschen haftet immer wieder etwas Egoistisches an; man verfolgt eine bestimmte Absicht, schaut darauf, was es „bringt". Die

---

40 Konfessionsübergreifend herrscht bei dem Thema weitestgehend Konsens (vgl. oben, Anm. 11). Im Zweiten Vatikanischen Konzil hatte die katholische Kirche erklärt: „Die Kirche verbietet streng, dass jemand zur Annahme des Glaubens gezwungen oder durch ungehörige Mittel beeinflusst oder angelockt werde" (AG 13). Die Versuchung, anders zu agieren, wächst in dem Maße, wie es in der eigenen Gruppe, Gemeinschaft oder Kirche exklusivistische Tendenzen oder Überhöhungen von Personen gibt. Nie darf ein Mensch in seiner Würde und Freiheit einer Institution und ihrem Ansehen „geopfert" oder untergeordnet werden, um ihn zu „gewinnen". Die Freiheit bleibt auch zu achten, wenn jemand „dazugehört": Der Umgang mit Macht und Autorität ist ein bleibender Prüfstein authentischer Jesusnachfolge: „Ihr wisst, dass die, die als Herrscher gelten, ihre Völker unterdrücken und ihre Großen ihre Macht gegen sie gebrauchen. Bei euch aber soll es nicht so sein, sondern wer bei euch groß sein will, der soll euer Diener sein" (Markus 10,42f). Nur im absichtslosen Dasein füreinander können Freiheit *und* Einheit, das eine *im* anderen, erfahren werden.

göttliche Liebe jedoch ist absichtslos, umsonst, ergreift die Initiative. Um als „neue" Menschen zu lieben, sollten wir auf Christus schauen ...   Cercando, 13f

„Martyrium" (= Zeugnis) der Liebe, auch im Alltag

Zeuge heißt im Griechischen *martys*, Märtyrer. Bei dem Begriff denken wir traditionell an Menschen, die ihr Glaubenszeugnis mit dem Leben bezahlt haben. Zeugnis geben hat oft einen Preis, manchmal einen hohen Preis. Auch das Zeugnis der Liebe. Christian de Chergé, inzwischen seliggesprochener Prior der Mönche von Tibhirine/Algerien (der selbst ermordet wurde), stellte fest: „Es hat bis zum ausgehenden 20. Jahrhundert gedauert, bis die Kirche den Märtyrertitel einem Menschen zuerkannt hat, der weniger ein Zeuge des Glaubens als vielmehr ein Zeuge der größten Liebe war: Maximilian Kolbe, der Märtyrer der Liebe ..."[41]

Vor einem ihm unbekannten Gefangenen, der zum Tod im Hungerbunker verurteilt war, hat Maximilian Kolbe spontan sein großes Werk vergessen, das er nicht aus persönlichem Interesse, sondern für das Reich Gottes aufgebaut hatte ... Hätte Pater Maximilian Kolbe nicht der Gedanke kommen können, Gott mehr zu verherrlichen, wenn er am Leben bliebe, als durch seinen Tod? Doch er zögerte nicht, durch seine Hingabe einem Familienvater das Leben zu retten ...   La vita un viaggio, 69f

---

41 Christian Salenson, Den Brunnen tiefer graben. Entdeckungen bei Christan de Chergé, München, Neuausgabe 2024.

Im ersten Johannesbrief heißt es: „Daran haben wir die Liebe erkannt, dass er sein Leben für uns hingegeben hat. So müssen auch wir für die [Schwestern und] Brüder das Leben hingeben" (3,16). Christian de Chergé hat erlebt, dass ein solches Zeugnis nicht exklusiv den Christen vorbehalten" ist: „Er verdankte seine Berufung [!] einem Muslim [!], der sein Leben für ihn gegeben hat."[42] Das sprengt alle gewohnten Vorstellungen: Der Prior konnte bezeugen, dass die Liebe Christi (!) ihn erreicht und verwandelt hat durch einen muslimischen Gläubigen, der bereit war, sein Leben für ihn zu riskieren.

„Es gibt keine größere Liebe, als wenn einer sein Leben für seine Freunde hingibt" (Johannes 15,13), sagt Jesus. Er ist diesen Weg gegangen. Gewiss, eine derartige Entscheidung ist einem Menschen kaum einmal abverlangt, sehr wohl aber gibt es viele alltäglichen Entscheidungen, die uns durchaus etwas kosten: Es gibt „das kleine Martyrium des Alltags".

Manchmal fühlen wir uns mitten in einer „wichtigen Arbeit" von einem Nächsten gestört: Jemand bittet uns um irgendetwas, unerwartet kommt Besuch, ein Anruf … Fest überzeugt, gerade mit wichtigen Dingen beschäftigt zu sein, gehen wir nicht auf das Anliegen des anderen ein. Pater Kolbe erteilt uns eine eindrucksvolle Lektion: Jedem Menschen gegenüber sollen wir alles andere vergessen können. Und wenn wir uns wirklich keine Zeit für ihn nehmen können, weil die Pflicht uns zu anderen Dingen ruft, sollten wir zumindest einige Augenblicke ganz für ihn da sein. La vita un viaggio, 69f

---

42 Ebd.

Jesus hat gesagt: „Wer mir nachfolgen will, ... der nehme sein Kreuz auf sich" (Matthäus 16,24). In der Frühzeit des Christentums galten die Märtyrer, die wie Jesus einen blutigen Tod starben, als seine wahren Jünger, als vollkommene Christen. Als dann die Zeit der Verfolgungen zu Ende ging, sah man in einem heroischen Leben der Tugenden etwas Analoges ... Uns hat, so scheint uns, der Heilige Geist gelehrt, dass unser typisches „Martyrium" darin besteht, einander zu lieben, wie Jesus es uns aufträgt: „Das ist mein Gebot, dass ihr einander liebt, so wie ich euch geliebt habe. Es gibt keine größere Liebe, als wenn einer sein Leben für seine Freunde hingibt" (Johannes 15,12f). Einander lieben bis dahin, dass wir *bereit* sind, füreinander das Leben zu geben, das ist ein Martyrium, kein blutiges, eher ein „weißes" Martyrium, wenn man so sagen will, aber doch ein wirkliches Martyrium, denn hier ist das ganze Leben eingefordert. Es ist ein alltägliches Martyrium, Augenblick für Augenblick ... So lebt Christus in uns. Das ist jenes „Sein", das die Voraussetzung all unserer Evangelisierung ist.

26.12.1991, Conversazioni, 442-444

Wer seinen Bruder nicht liebt, den er sieht, kann Gott nicht lieben, den er nicht sieht" (1 Johannes 4,20). Der Weg zu Gott sind die Schwestern und Brüder. Gerade in unserer Zeit sollten wir uns dessen bewusst sein. Doch oft schenken wir dem anderen nicht die Aufmerksamkeit, die er von uns erwarten könnte. Wir lassen uns gefangen nehmen von einer materialistisch geprägten Umgebung ..., verlieren uns in Gerede und Diskussionen; wir meinen, wir müssten alles kennen, wissen und lesen ... Wirklich wichtig aber ist etwas anderes: „Vor allem haltet fest an der Liebe zueinander" (1 Petrus 4,8). Es ist die Liebe, die uns „aus dem Tod in das Leben" hinübergehen lässt (1 Johannes 3,14). Zum Leben sind wir berufen; Leben sollen wir bringen – auch wenn die geschwisterliche Liebe immer wieder eine Anstrengung verlangt. Doch sie ist ja das charakteristische Kreuz des Christen. AB, 181

„Eine Schürze umbinden (wie Jesus bei der Fußwaschung), das kann so ernst und feierlich sein wie die Hingabe des Lebens ... Und umgekehrt: Sein Leben hinzugeben kann so einfach sein wie das Anlegen einer Schürze." Christian de Chergé

„Der Bruder [bzw. die Schwester] ist dem Christen eine Last, gerade dem Christen. Dem Heiden wird der Andere gar nicht erst zur Last. Er geht jeder Belastung durch ihn aus dem Wege. Der Christ muss die Last des Bruders tragen. Nur als Last ist der Andere wirklich Bruder und nicht beherrschtes Objekt." Dietrich Bonhoeffer, DBW 5, 85

Wieder und wieder im Vordergrund: das Zeugnis der gegenseitigen Liebe

Chiara erachtete das Zeugnis gegenseitiger Liebe als so zentral, dass es allem, auch jeder expliziten Verkündigung, allem karitativen Engagement etc. *zugrunde liegen* sollte:

Die beständige gegenseitige Liebe, die die Einheit und die Gegenwart Jesu in der Gemeinschaft ermöglicht, ist die Grundlage des Lebens in jedem seiner Aspekte: die Norm aller Normen, die Voraussetzung für jede andere Regel. A1, 257

Wir könnten noch so engagiert missionarisch tätig sein und uns für eine Neuevangelisierung einsetzen: Würde die Liebe untereinander fehlen, bliebe sie – vielleicht auch um Prinzipien willen, die man für unaufgebbar hält – auf der Strecke, ist jedes Zeugnis verdunkelt.

Das „Neue Gebot" (vgl. Johannes 13,34) verleiht dem Leben der Christen und den christlichen Gemeinschaften besonderen Glanz und Anziehungskraft. Es macht mich immer nachdenklich, wie wenig sich eine Stadt mit ausgeprägt christlicher Tradition von anderen Städten unterscheidet. Es gibt einige liturgische Feiern oder religiöse Veranstaltungen, doch bei den Menschen auf der Straße ist kein Unterschied festzustellen. Es fehlt ein Erkennungszeichen; denn die gegenseitige Liebe wird nicht deutlich … Cercando, 140-144

Mit dem „neuen Gebot" hat uns Jesus das Erkennungszeichen gegeben, das Unterscheidungsmerkmal der Christen aller Zeiten. Wenn wir Christen uns nicht dadurch auszeichnen, werden wir mit der Welt verwechselt … – und wir vertun die vielleicht größte Chance, in einer Umgebung, die oft von Unglauben, Gleichgültigkeit und Aberglauben geprägt ist, Gott zu bezeugen. A1, 42f

Wenn dein Gebot, einander zu lieben, unter uns, deinen Schwestern und Brüdern, lebendige Realität würde, dann hätten wir nicht den Eindruck, uns von dir zu entfernen, sobald wir die Kirche verlassen. Straßen und Tabernakel gingen ein in eine einzige Wirklichkeit: in das Reich Gottes unter den Menschen! A1, 124

Die Liebe schafft Gemeinschaft; die Gemeinschaft ist Grundlage des christlichen Lebens und ihr Gipfel. Man geht nicht mehr allein auf Gott zu, sondern gemeinsam mit anderen. Und dies ist etwas unvergleichlich Schönes, das uns mit den Worten der Schrift sagen lässt: „Seht doch, wie gut und schön ist es, wenn Brüder [und Schwestern] miteinander in Eintracht wohnen" (Psalm 133,1). Die geschwisterliche Gemeinschaft ist freilich kein statisches Glück, sie will vielmehr ständig erkämpft sein. So bleibt sie nicht nur erhalten, sondern breitet

sich immer mehr aus … ; denn es gehört zum Wesen der Liebe, sich mitzuteilen. A1, 88

Wenn Chiara die gegenseitige Liebe als „Grundgesetz" des Gottesvolks und als das Erkennungszeichen der Christen heraus-
hebt, weiß sie sich in guter Gesellschaft:

Katharina von Siena war mir stets nahe als eine
große Schwester, eine treue Begleiterin und ein
Vorbild … Sie schrieb: „Lasst die Flamme eures Herzens nur zu Gott aufsteigen …"; „Liebt einander! Ihr
wisst doch, dass Christus seinen Jüngern dies als
Erkennungszeichen hinterlassen hat: An nichts anderem würde man sie als Kinder Gottes erkennen
als an der Einheit der geschwisterlichen Liebe."

Cristo dispiegato, 53-56

Bernhard von Clairvaux, der große Zisterzienser
aus dem 12. Jahrhundert, ging zusammen mit
seinen ersten Gefährten den Weg, den Gott ihm ge-
wiesen hatte: Er traf eine ausschließliche Entscheidung für Gott, eine Entscheidung zur Nachfolge
Christi auf dem Weg des Kreuzes. So entstand eine
beeindruckende Gemeinschaft: „Das Leben mit seinen Gefährten war Liebe", schreibt sein Zeitgenosse
und Biograph, Wilhelm von St. Thierry. „Wer sah,
wie sie einander liebten, erkannte, dass Gott in ihnen war." Zahlreiche Menschen pilgerten zu ihnen.
Was sie anzog, war Gott, der in der gegenseitigen

Liebe der Mönche „sichtbar" wurde. Auf ein solches Zeugnis wartet die Welt – heute wohl mehr denn je.

Sehnsucht, 253

* * *

Die Betonung der gegenseitigen Liebe und der Einheit könnte zu einem utopischen Harmoniebedürfnis verleiten. Doch das Ringen um „das Richtige", um das hier und heute Notwendige, ist wichtig. Einheit ist nie ein statisches Glück. Chiara war Realistin: „Groll, Streit und Spannungen" sind „kaum zu vermeiden". Konfliktfähigkeit und eine gute Streitkultur widersprechen nicht der Liebe, sondern gehören dazu. Aber auch hier gilt: Auf das Wie kommt es an: auf das Bemühen um eine Atmosphäre, in der „die Stimme des Geistes" gehört werden kann. Und – nicht zu vergessen – auf die Bereitschaft zur Vergebung, zum Neuanfang. Es ist kaum ein Zufall, dass direkt nach Jesu Zusage „Wo zwei oder drei in meinem Namen versammelt sind, da bin ich mitten unter ihnen" das Thema Vergebung breit ausgeführt wird (Mt 18,20ff).

Weil er Vater und Mutter ist, genügt es Gott nicht, seinen Söhnen und Töchtern zu verzeihen. Es ist sein Herzensanliegen, dass sie einander als Brüder und Schwestern behandeln ... Die geschwisterlichen Bande sollen stärker sein als aller Groll, als der Streit und die Spannungen, die aus Fehlern oder Missverständnissen erwachsen und in unserem Zusammenleben kaum zu vermeiden sind.

NSt 9/2002, 20

Sehr ernste Worte, die auch ein halbes Jahrhundert später nichts von ihrer Brisanz verloren haben, fand Papst Paul VI. in seiner Enzyklika „Evangelii nuntiandi" (Nr. 77): „Die Kraft der Evangelisierung wird sehr geschwächt, wenn die Verkündiger des Evangeliums unter sich durch vielfältige Spaltungen entzweit sind. Ist das nicht eine der Hauptwurzeln des Unbehagens in der heutigen Evangelisierung? Wenn in der Tat das von uns verkündete Evangelium von Lehrstreitigkeiten, von ideologischen Gegensätzen oder von gegenseitigen Verurteilungen unter Christen zerrissen erscheint ..., wie sollen dann die Empfänger unserer Verkündigung nicht verwirrt und auf Irrwege geführt werden oder gar an dieser Verkündigung Ärgernis nehmen? Das geistliche Testament des Herrn sagt uns, dass die Einheit der Gläubigen nicht nur die Probe dafür ist, dass wir Christus angehören, sondern auch der Beweis, dass er vom Vater gesandt ist: also Test der Glaubwürdigkeit der Christen wie auch Christi selbst. Als Träger der Evangelisierung dürfen wir ... nicht das Bild von zerstrittenen und durch Fronten getrennten, keineswegs erbaulichen Menschen geben, sondern das Bild von Persönlichkeiten, die im Glauben gereift und fähig sind, einander jenseits aller konkreten Spannungen in der gemeinsamen, aufrichtigen und lauteren Wahrheitssuche zu begegnen. Wirklich, das Schicksal der Evangelisierung ist mit aller Bestimmtheit an das von der Kirche gebotene Zeugnis der Einheit gebunden."

Exkurs: Orte der Weitergabe der Botschaft in der Geschichte der Fokolar-Bewegung

Chiara Lubich legte großen Wert auf „Räume", die für sich, besser: von der Präsenz des Auferstandenen sprechen: Orte, wo Menschen hinkommen und etwas erfahren können, nach dem Jesuswort: „Kommt und seht" (Johannes 1,39). In den 1940er-Jahren wurde die *„Sala Massaia"* in Trient, der Sitz des dortigen Dritten Ordens, ein Treffpunkt der entstehenden Gemeinschaft. Wie Chiara von ihrer Erfahrung der Liebe Gottes sprach, zog unwillkürlich andere in Bann. Vor den Begegnungen, so erzählt sie, habe sie ihre schriftlichen Notizen zerrissen, sich in der Kirche gesammelt und Jesus gebeten, dass er durch sie sprechen möge.[43] Mit der Zeit entstanden in Trient und Umgebung *kleine lokale Gemeinschaften* von Menschen, die aus demselben Geist lebten. Persönliche Beziehungen wurden gepflegt; man unterstützte sich und ergriff Initiativen für Bedürftige. Wichtig war auch das Gebet füreinander: Chiara riet, jede Person „ins Herz Jesu zu legen" und „dem Vater anzuvertrauen". In *Fokolargemeinschaften* führten und führen Frauen bzw. Männer, die zumeist irgendeinem Beruf nachgehen, ein Leben der Ganzhingabe mitten in der Welt, im Wunsch, mit „Jesus in ihrer Mitte" zu leben. Sie wissen sich im Dienst an der Bewegung, die als „Movimento dei Focolari" („Fokolar-Bewegung") bekannt wurde. Auch Verheiratete gehören zu diesen Fokolar-Gemeinschaften. Zusammen mit allen anderen später entstandenen *Zweigen, Bewegungen und Gruppierungen* möchten sie ein Zeugnis lebendigen Christentums geben, entsprechend ihrer typischen Spiritualität. Eine spezielle Initiative erwuchs aus gemeinsamen Ferien einer kleinen Gruppe um Chiara in den Dolomiten; 1949 und 1950 erlebten sie dort eine intensive Zeit tiefer mystischer Erfahrung. Daraus entwickelte sich in den folgenden Jahren die sog. *Mariapoli* (wörtlich: Stadt Mariens), ein offenes Sommertreffen, das zunehmend mehr Personen jeden Alters, verschie-

---

43 Hierzu und zu den folgenden Ausführungen vgl. Ann, 65–69.

dener Berufe und Berufungen, Menschen aus allen Schichten anzog. Ende der 1950er-Jahre kamen Tausende nach Fiera di Primiero. Sie wollten für eine gewisse Zeit im Geist der Liebe und Einheit verbringen, in einer Art „Stadt auf Zeit". Mariapolis fanden dann auch in anderen Ländern, mit der Zeit in allen Kontinenten statt. Die Formen haben sich öfter verändert; es gibt heute eine große Bandbreite unterschiedlicher Formate. Biblische Impulse und der Austausch über Erfahrungen mit dem Leben aus Worten der Bibel sind in aller Regel Bestandteil der Tagesprogramme.

Als Zeugnis, wie eine von der gegenseitigen Liebe geprägte Gesellschaft aussehen könnte, entstanden *Modellsiedlungen*, sogenannte „Ständige Mariapolis", die erste 1964 in Loppiano bei Florenz. Loppiano wurde Schulungszentrum für Fokolare und andere Mitglieder und Freunde der Fokolar-Bewegung, Sitz der Musikbands *Gen Rosso* und *Gen Verde* u. a. m. Die Idee war Chiara schon früh gekommen, konkreter wurde der Wunsch im Sommer 1962 bei einem Besuch „der wunderbaren Benediktinerabtei Einsiedeln": Der Fokolar-Spiritualität, so ihre Intuition, würde eher eine Siedlung „mit Elementen einer modernen Stadt" entsprechen, „mit Wohnhäusern, einer Kirche, Geschäften, Betrieben, Schulen ..."[44]

Nicht alle Projekte konnten – aus unterschiedlichen Gründen – weitergeführt werden. Das Zeugnis aber, das sie zu geben vermochten, wirkt in vielen Menschen weiter. Ungebrochen aktuell erscheint das Anliegen, Orte zu schaffen, in denen die prägende Kraft der Frohen Botschaft sichtbar wird, „sprechende Orte", wie es auf ihre Art auch Klöster waren und sind, Zentren, in denen der Geist des Evangeliums die verschiedenen Bereiche menschlichen und gesellschaftlichen Lebens prägt.

---

44 Vgl. hierzu: Michele Zanzucchi im Interview mit Chiara Lubich, Rocca di Papa, 11.6.2004, in: Ann, 73. Papst Franziskus sprach bei seinem Besuch in Loppiano am 10.5.2018 von einem „skizzenhaften Entwurf einer ‚neuen Stadt' im Geist des Evangeliums", „in der die Schönheit des Gottesvolkes aufscheint" (zit. nach Ann, 73).

LEBEN *UND* REDEN

Es heißt nicht: „Was wir überlegt und studiert haben ...", sondern: „Was wir gehört haben, was wir mit unseren Augen gesehen, was wir geschaut und was unsere Hände angefasst haben, *das verkünden wir*", und nochmals: „Denn das Leben wurde offenbart; wir haben gesehen und bezeugen und verkünden euch ...", und gleich wieder: „Was wir gesehen und gehört haben, das verkünden wir auch euch, damit auch ihr Gemeinschaft mit uns habt ..." (1 Johannes 1,1-3).

„Wo wohnst du?", wollten zwei Jünger des Täufers Johannes von Jesus wissen. Seine Antwort: „Kommt und *seht!*" (Johannes 1,38f). Lebenswirklichkeit, Greifbares, Sichtbares, lebendige Erfahrung stehen am Anfang aller Verkündigung und bleiben ihr Herzstück.

Leben *und* Reden gehören zur Weitergabe der Botschaft: Tat und Wort. Chiara spricht oft vom *Vorrang* des gelebten Zeugnisses. Das Leben, das „Sein", müsse dem Reden vorausgehen, sonst werde Letzteres unglaubwürdig. Aber auch die umgekehrte Blickrichtung hat ihr Recht: Der Glaube kommt eben auch vom Hören: „So gründet der Glaube in der Botschaft, die Botschaft aber im Wort Christi" (Römer 10,17). Das Ergriffensein vom Wort weckt Leben. Das Wort erhellt, deutet, vertieft die Erfahrung. Um ganz weit auszuholen: „Im Anfang war das Wort" (Johannes 1,1), „Gott sprach – und es wurde", heißt es im Buch Genesis. Gottes Wort „schafft". Und Gottes Tun „spricht": von seiner Liebe, von ihm selbst. Theologen nennen die Offenbarung „Selbstmitteilung Gottes" – in der Schöpfung und in seiner Geschichte mit den Menschen. Dies erfahrbar zu machen, es nahezubringen, dazu ist das Gottesvolk, dazu sind alle „Glieder des Mystischen Leibs" Christi gesandt. Chiara spricht von ihrem Wunsch, lebendiges „Wort" zu *sein*:

Das Bestreben meines Lebens besteht darin, stets das Wort zu leben, Wort zu *sein*, Wort Gottes. Ich liebe es dermaßen, dass ich den Wunsch habe, auf die Frage „Wer bist du?" antworten zu können: „Wort Gottes."

Essere la tua Parola, 15

Fruchtbar wird unsere Evangelisierung, wenn das Zeugnis dem Wort vorangeht, wenn unser „Sprechen" unserem „Sein" folgt. Es ist uns aber auch bewusst geworden, dass auf unserem gemeinschaftlichen Weg das Sprechen zum „Sein" dazugehört: Wir sind nur dann „wir selbst", wenn wir auch kommunizieren. Dieses Bewusstsein hat uns seit jeher auf unsere Nächsten zugehen lassen und uns bewegt, alle Gelegenheiten zu nutzen, um den Menschen „Gott zu bringen".

Conversazioni, 440

Legen wir in alles unsere Liebe hinein: in das Lächeln, das wir schenken können, in die Arbeit, die wir zu tun haben, in unser Verhalten im Straßenverkehr, in die Vorbereitung des Essens, ins Zusammenlegen eines Kleidungsstücks, in das Planen einer Unternehmung, in die Tränen, die wir vergießen für Christus in unseren leidenden Mitmenschen, in das Spielen eines Instruments, in den Artikel oder den Brief, den wir schreiben müssen, in das Feiern eines Festes ... *Alles, wirklich alles kann Ausdruck unserer Liebe zu Gott und zu den Mitmenschen*

werden. Alles ist uns, unseren Händen und Herzen an-
vertraut, damit wir die Frohe Botschaft in die Welt tragen.

Vom Geschenk des gegenwärtigen Augenblicks, 43

L eben *und* reden: Das scheinen zwei unterschiedliche Dinge zu sein, doch wir sollten uns darüber
im Klaren sein, dass das Sprechen ein Ausdruck unseres Lebens selbst ist. Wir können auf das Sprechen
nicht verzichten, wenn wir unsere Spiritualität in
ihrer Gesamtheit leben wollen. Conversazioni, 438

W enn das Evangelium mahnt, das Heilige
nicht „den Hunden vorzuwerfen" (vgl. Matthäus 7,6), heißt das: Wir sollen nur dort vom „Heiligen" sprechen, wo man darauf vorbereitet ist. Sonst
könnten „Perlen zertreten" werden. Reden wir also
nicht bei jeder Gelegenheit! Allerdings trägt uns
dasselbe Evangelium an anderer Stelle auf, den
Nächsten zu lieben wie uns selbst, und dazu gehört
auch, ihn nach Möglichkeit teilhaben zu lassen an
dem inneren Reichtum, der uns geschenkt wurde.
Denen, die offen und empfänglich sind, sollen wir
das Licht, das Gott uns schenkt, weitergeben. So ist
Jesus einmal ohne Worte, einfach durch unser Leben zu bezeugen, ein andermal auch dadurch, dass
wir von ihm sprechen. AB, 156-158

Es gibt Situationen, in denen Gottes Nähe nur durch ein schweigendes und doch so sprechendes Dasein bezeugt werden kann: Nähe allein kann helfen weiterzugehen.

Scheitern, materielle Not, Aussichtslosigkeit, Zweifel, Versuchung ... Manchmal schmerzt uns das Leid derjenigen am meisten, die uns nahe stehen: ein drogenabhängiger Sohn, der keinen Ausweg findet; der alkoholgefährdete oder arbeitslose Ehepartner; die Trennung oder Scheidung guter Freunde; die alten und kranken Eltern ... Auch die materialistische und individualistische Gesellschaft, in der wir leben, kann uns Angst machen, genauso wie Krieg, Gewalt und Ungerechtigkeit. In solchen Situationen kann uns der Zweifel kommen: Wo ist sie denn, die Liebe Gottes? War das alles nur Einbildung? Haben wir uns auf Trugbilder verlassen?

Es gibt nichts Schlimmeres, als sich in Augenblicken der Prüfung allein zu fühlen ... Jesus weiß darum; gerade in schweren, stürmischen Zeiten will er an unsere Seite treten und uns aufs Neue sagen: „Habt Vertrauen, ich bin es; fürchtet euch nicht" (Matthäus 14,27). WdL, in: NSt 7-8/2002

„Der Christ weiß, wann es Zeit ist, von Gott zu reden, und wann es recht ist, von ihm zu schweigen und nur einfach die Liebe reden zu lassen. Er weiß, dass Gott Liebe ist (vgl. 1 Johannes 4,8) und gerade dann gegenwärtig wird, wenn nichts als Liebe getan wird."
Benedikt XVI. (Deus Caritas est, 31)

Im Zuge des Programms einer „Neuevangelisierung", das Papst Johannes Paul II. 1979 zunächst in einer Predigt, dann regelmäßig seit den 1980er-Jahren lanciert hat, machte Chiara öfter darauf aufmerksam, wie wichtig auch das explizite Sprechen vom Glauben, von Jesus, von Gott, von Erfahrungen im „Leben nach dem Evangelium" ist. Schon Paulus schreibt: „Weh mir, wenn ich das Evangelium nicht verkünde!" (1 Korinther 9,16).

In telefonischen Konferenzschaltungen wie bei Vorträgen lud Chiara besonders in jenen Jahren dazu ein, sich das Anliegen einer neuen Evangelisierung zu eigen zu machen, wobei sie eigene Akzente setzte, um den Sendungsauftrag so zu praktizieren, wie es ihrer Spiritualität, ihrem Charisma entspricht. Dass ein Begriff wie „Neuevangelisierung" offenkundig „zwischen die Fronten der innerkirchlichen Auseinandersetzung" gekommen ist (Christoph Paul Hartmann), ist bedauerlich und sollte das zugrunde liegende Anliegen der „Sendung für die Welt" nicht verdunkeln. Mit diesem Begriff sollte keine rückwärtsgewandte Stoßrichtung angestrebt werden: Evangelisierung ist zukunftsgerichtet und lebt in der Begegnung mit den Menschen von heute aus der immer neuen, frischen Quelle der Frohen Botschaft heraus. Daran heißt es Maß zu nehmen, damit sie ihre Strahlkraft entfalten kann: Das Evangelium will *heute* Leben werden.

Christus hat uns gezeigt, wie wir das Evangelium in uns aufnehmen konnten: indem wir das Wort Gottes leben. Wir nahmen ein Wort aus dem Evangelium, meditierten es, verfassten einen erläuternden Text dazu, den wir von der Kirche bestätigen ließen, und lebten danach. Einige Zeit später verstanden wir, dass Gott uns damit ein Alphabet in die Hand gab, um Christus kennenzulernen.

Leben aus dem Wort, 15

Erzähltes Leben:
„Erfahrungen mit dem Wort" weitergeben

Die Praxis, für einen gewissen Zeitraum je ein Wort der Heiligen Schrift zu vertiefen, reicht in die Anfangszeiten der Fokolar-Bewegung zurück. Ein für einen Monat ausgewähltes Wort der Heiligen Schrift, mit einem Kommentar versehen („Wort des Lebens"), verbindet Hunderttausende Menschen in aller Welt. Es wird über die Zeitschrift Neue Stadt, über Handzettel und über die Websites der Fokolar-Bewegung verbreitet. Vielerorts sind im Laufe der Zeit „Wort-des-Lebens-Gruppen" entstanden mit Gelegenheit zum Erfahrungsaustausch.

Verbreiten wir da, wo wir sind, die Denkweise Jesu, seine unverkürzte Botschaft. Und nutzen wir alle geeigneten Mittel und Gelegenheiten: Oft am Tag wird sich in der Begegnung mit unseren Nächsten eine Gelegenheit bieten, etwas zu sagen – und insbesondere unsere Erfahrung weiterzugeben. Das Sprechen, das Erzählen wird den Glauben in uns und in unseren Zuhörern stärken. WdL, in: NSt 6/1993

Chiara hat weniger doziert als erzählt[45]: von Erlebnissen, von „Erfahrungen mit dem gelebten Wort", von den Anfängen in Trient,

---

45 Die Bedeutung des Erzählens ist in den letzten Jahrzehnten bewusster geworden, auch in der Theologie, besonders in der Bibelwissenschaft und Pastoraltheologie. Jesus war bekanntlich ein großer Erzähler: Seine Gleichnisse nehmen einen herausragenden Platz in der Weltliteratur ein. Die Evangelien „erzählen Geschichten von Jesus ..., der Geschichten erzählt". Nicht zu vergessen ist, dass die Theologie selbst eine „narrative Tiefenstruktur" hat: Vgl. Franz Wendel Niehl: https://bibelwissenschaft.de/stichwort/100026/ Freilich braucht es auch die Reflexion, die systematische Einordnung und gedankliche Entfaltung, was Chiara u. a. zur Gründung der sog. Scuola Abba und des Instituts „Sophia" motivierte, s. S. 185.

vom Leben der um sie entstandenen Gemeinschaft und „Bewegung", von Begebenheiten, in denen sie das Wirken „der fürsorglichen Liebe des Vaters" mit Händen greifen konnte und die sie als Gebetserhörung erlebte. Und sie hat regelmäßig eingeladen, „Erfahrungen auszutauschen" – in den Fokolar-Gemeinschaften wie in den verschiedenen Gruppen, auch in „Wort-des-Lebens-Kreisen", bei offenen Veranstaltungen und größeren Zusammenkünften. Wo Chiara zu einem Vortrag eingeladen war, verzichtete sie nie auf das *Erzählen*, wie sie Gottes Wirken erlebt hat. So war es schon bei ihrem ersten großen Auftritt in der Öffentlichkeit, beim XIV. Nationalen Eucharistischen Kongress in Pescara/Italien (15.9.1977), so blieb es in späteren Jahren, etwa anlässlich der Verleihung von Ehrenbürgerschaften und Ehrendoktorwürden.[46] Über den Wert des „Mitteilens" von Erlebtem und Erkanntem sagte sie:

Wir haben das Wort nicht nur als Einzelne, je für sich, gelebt, sondern einander hilfreiche Erfahrungen, Erkenntnisse, Gnaden, die das Leben des Wortes hervorgebracht hatte, mitgeteilt. Wer zuhörte, profitierte davon, und wer sprach, wurde bereichert. Die Verpflichtung, das Erfahrene mitzuteilen, spürten wir auch aus einem anderen Grund: Eine Erfahrung, die man weiterschenkt, „bleibt" und stärkt das eigene innere Leben. Hingegen verarmt allmählich, wer nichts weitergibt. Leben aus dem Wort, 17f

---

46 Vgl. die Zusammenstellung ihrer Reden in: Impulse mit Breitenwirkung. Erzählungen von Erfahrungen und Erlebnissen insbesondere aus der Anfangszeit der Fokolar-Bewegung finden sich durchgängig. Zu „Pescara" vgl. Ann, 89f.

Es genügt uns nicht, dass jeder nur für sich aus dem Wort lebt; wichtig ist, dass wir einander an den Erfahrungen mit dem gelebten Wort Anteil geben. Wir wollen uns vom Evangelium prägen lassen, indem wir uns bemühen, das Wort zu leben, aber auch dadurch, dass wir offen sind für das Licht, das aus der Erfahrung der anderen kommt.

Ein Weg in Gemeinschaft, 25

Das Weitergeben von „gelebtem Leben" in der Ausrichtung an der Frohen Botschaft hat nicht nur Zeugniskraft, sondern geradezu „zeugende" Kraft, wie Chiara bekräftigt:

Weil das Wort Christus ist, „zeugt" es Christus in uns und in anderen. Bevor wir das Wort leben, sind das Licht und die Liebe Gottes in uns eingeschlossen wie in einem Kokon. Wenn man das Evangelium lebt, bringt die Liebe Licht hervor, und das Licht wiederum lässt die Liebe wachsen. Die Larve beginnt sich zu bewegen, bis sich der Schmetterling entpuppt, das heißt, Christus beginnt in uns immer mehr zu wachsen, bis er uns zunehmend erfüllt.

Leben aus dem Wort, 60

Alle geeigneten Mittel nutzen, aber vor allem ...

Chiara hat über die Jahrzehnte die verschiedensten Mittel für die Kommunikation und Verkündigung genutzt und dazu ermutigt, sie mutig und entschlossen einzusetzen: von Reden und Vorträgen über eine ausgedehnte Korrespondenz, über die publizistische und verlegerische Arbeit der Fokolar-Bewegung, das Verteilen von „Wort-des-Lebens-Handzetteln" mit einem Kommentar zu einem Bibelvers bis hin zum Einsatz moderner Kommunikationsmittel. Doch bei aller Wertschätzung dieser Mittel wurde sie nicht müde, auf das Entscheidende hinzuweisen: Zeugen des Auferstandenen zu *sein*.

Ihr werdet meine Zeugen sein bis an die Grenzen der Erde" (Apostelgeschichte 1,8). Diese Worte sind ein Auftrag, den Jesus nicht nur seinen Aposteln, sondern der ganzen Kirche und jedem Einzelnen von uns hinterlassen hat. Aufgabe der Kirche wird es sein, den Auferstandenen zu bezeugen, und zwar nicht nur durch die Verkündigung ihrer Amtsträger, sondern auch und vor allem durch das Leben eines jeden von uns, ihrer Mitglieder. Den Auferstandenen zu bezeugen bedeutet, der Welt zu zeigen, dass Jesus der Lebendige ist ... Wenn wir vor allem die Liebe zum Nächsten in unserem Herzen brennen lassen und uns besonders darum bemühen, die Liebe untereinander aufrechtzuerhalten, dann wird der Auferstandene in uns und unter uns leben ... Sicher, wir sollten die Projekte, die auch zu planen sind, und die Mittel, die uns der technische

Fortschritt für die Verkündigung des Evangeliums bietet, nicht unterschätzen. Doch vor allem haben wir *eines* zu tun: seine Zeugen sein, indem wir den Auferstandenen in uns leben lassen. WdL, in: NSt 1/1986

Für uns ist wichtig, dass alles aus dem Leben erwächst, auch wenn wir immer mehr überzeugt sind, dass die Medien wie für uns geschaffen sind, eben weil sie die Menschen miteinander verbinden. Im Übrigen wollen wir nicht vergessen, dass die ersten Christen keine Medien zur Verfügung hatten. Sie erzählten einfach alles weiter, was ihr Herz erfüllte. Und schon Tertullian konnte sagen, sie seien zwar erst gestern geboren, erfüllten aber schon die ganze Welt. Auch Jesus hat nur gesprochen, nicht geschrieben, außer einmal in den Sand.

Wenn wir kurz auf die heutigen Kommunikationsmittel blicken, stellen wir fest, dass sie sich in einer rasanten Entwicklung befinden. Einerseits macht sie das täglich nützlicher und faszinierender. Andererseits bringt es eine ganz Reihe neuer, großer Probleme mit sich: für die Gesellschaft, für die Familien und für die Einzelnen. Es sind also Perspektiven voller Licht, aber auch voller Schatten ... Die Globalisierung tendiert dazu, die verschiedenen Kulturen einzuebnen ... Die Sensationslust instrumentalisiert das menschliche Leid ... Immer stärker wird die Tendenz zu einer bewussten Beeinflussung ... Wir betrachten die Medien als das, was sie tatsächlich sind: einfache Hilfsmittel. Dennoch schätzen wir auch das „enorme Potenzial, das in ihnen schlummert" (Johannes Paul II.). Wir möchten sie gut gebrauchen und dabei der prophetischen Botschaft gerecht werden, die sie enthalten. Diese Botschaft lautet: Einheit ...

Wichtig ist der Mensch, nicht das Medium, das wie gesagt nur ein einfaches Werkzeug ist. Das Medium schlechthin, das vermittelt und Einheit schafft, ist der Mensch, der „neue Mensch", wie Paulus es ausdrücken würde. Es sind nicht zuletzt jene, die den Auftrag Christi ernst nehmen, Sauerteig, Salz und Licht der Welt zu sein.

Aus einer Rede bei einem Kongress für Medienschaffende,
Castel Gandolfo, 2.6.2000, in: Impulse mit Breitenwirkung, 90f; 94f

Eine besondere Form des „Sprechens" von Gott, die nicht unerwähnt bleiben kann, ist das *Singen*, zumal das gemeinsame Singen. Chiara selbst hat es gepflegt und sehr geschätzt. „*Canzoni dei primi tempi*", Lieder aus der Anfangszeit der Fokolar-Bewegung wurden bei vielen Zusammenkünften gesungen; Singen war und ist oft bis heute fester Bestandteil von Veranstaltungen der Fokolar-Bewegung. Die auf Initiative Chiaras zurückgehenden Musikbands Gen Rosso und Gen Verde haben mit ihren Songs zahllose Menschen in aller Welt erreicht. – Die Kirchen wissen seit Jahrhunderten um die Kraft der Musik; „geistliche Musik" berührt, findet Resonanz auch bei Menschen, die sonst wenig Berührungspunkte mit der Botschaft Jesu haben.

Nicht vordergründige Effizienz zählt

Lebensumstände machen es manchmal unmöglich, aktiv zu werden, das Wort zu ergreifen, Veranstaltungen zu besuchen. Das Wachsen des Reiches Gottes kennt andere Gesetzmäßigkeiten als vordergründige Wirksamkeit. Auf das Herz kommt es an. Jesus hat das eindrucksvoll anhand der kleinen-großen Gabe der armen Witwe verdeutlicht: „Sie hat mehr gegeben als alle anderen" (vgl. Lukas 21,2f).

In unserer Arbeit, zumal wenn wir Erfolg haben, sind wir manchmal versucht, in den leidenden Menschen bloße Randfiguren zu sehen, die man zu versorgen oder zu besuchen hat. Vor allem, so meinen wir, muss man ihnen schnell auf die Beine helfen, damit sie wieder etwas leisten. Aktiv sein, das scheint das Wesentliche und Entscheidende zu sein. Doch das ist falsch. Wenn einer leidet und krank ist, wenn jemand im Sterben liegt und alles Gott aufopfert, so schaut Gott mit besonderer Liebe auf ihn. In der Rangordnung der Liebe stehen die Leidenden ganz oben. Sie sind es, die am meisten tun, die mehr als jeder andere wirken. AB, 104

Selbst wenn wir scheinbar nichts tun können, aber darin aus Liebe seinen Willen tun, haben wir alles getan. Und Gott zieht Nutzen daraus zum Besten vieler. Sehnsucht, 218

Wenn du leidest und dein Leiden so groß ist, dass es dich an jeder Tätigkeit hindert, dann denke an die Messe. In der Messe, damals wie heute, arbeitet und predigt Jesus nicht: Er gibt sich aus Liebe hin. – Im Leben kann man vieles tun und vieles sagen, doch die Stimme des Schmerzes, stumm vielleicht und von keinem beachtet, aber aus Liebe geschenkt, ist das eindringlichste Wort: Es erschüttert den Himmel ...   A1, 30

Nicht messbare Erfolge zählen. Wertvoll für das Wachsen des Gottesreichs kann auch ein Aushalten und Ausharren sein. Auch das Ja zu Schwierigkeiten in der Weitergabe der Botschaft in der Nachfolge Jesu. Leicht war das nie. Paulus zählt eine lange Liste auf, was er alles durchmachen musste, Mühsal und Plage, Gefahren aller Art, Gefängnis u. v. m. (vgl. 2 Korinther 11,22-26). Trotz aller Bemühungen um eine Aktualisierung und verständliche „Übersetzung" kann es Widerstände geben. In einem Tagebucheintrag von 1970 bemerkte Chiara:

Eingetaucht in die Welt und als „Apostel" berufen, in ihr zu bleiben, gelingt es uns oftmals, mit dem Wort Gottes den Weg in sie hineinzufinden, womöglich mit modernen Begriffen, zeitgemäßen Haltungen, neuen Kommunikationsmitteln, um „alte Dinge" zu sagen, die aber doch vor ewiger Jugendlichkeit strotzen, weil sie unvergänglich sind. Dann aber stellen wir irgendwann fest, dass sich jemand zurückzieht, dass das Wort Gottes auf Hindernisse stößt, dass wir trotz aller berechtigten Anstrengungen, attraktiv zu sein und uns einszumachen, in die Schublade „Kirchenleute" gesteckt werden; manche sehen uns, vielleicht auch zur Beruhigung des eigenen Gewissens, als geradezu bigotte Menschen an, die es übertreiben. Kleinmütig und töricht, wie wir oft sind, verkriechen wir uns traurig und verletzt in uns selbst ... Doch Christus ist auf unserer Seite: *Sie sind nicht von der Welt, wie auch ich nicht von der Welt bin* [vgl. Johannes 17,16] ... Bleiben wir also nicht stehen, sondern erfüllen wir Gottes Plan bis zum Ende; denn in gewisser Weise ist ja allen Christen aufgetragen, das Werk Christi, der Kirche, weiterzuführen: „Wie du mich in die Welt gesandt hast, so habe auch ich sie in die Welt gesandt" [Johannes 17,18]. Tagebuch, 14.7.1970, in: Ann, 56f

Der Verweis auf Widerstände, die kommen „müssen", darf nicht zum Alibi werden: Manchmal laufen unsere Anstrengungen ins Leere, weil wir nicht willens oder schlicht „unfähig sind, die richtigen Wege und Worte zu finden, und weil unser Zeugnis allzu dürftig ist. Wie viele Skandale in unseren kirchlichen Institutionen, in unseren Gruppen! Wie können wir da glaubwürdig sein? Hinzu kommen dann auch noch die persönlichen Grenzen und Inkohärenzen ..."[47]. Wir können nur darauf vertrauen, dass Gott trotz allem wirkt, an uns und unabhängig von uns (vgl. hierzu oben: „Authentische Zeugen – schwache Zeugen, S. 107–112).

---

47 Fabio Ciardi und Renata Simon in: Ann, 58.

Und wenn das Feuer erloschen ist?

Und wenn wir kein „Feuer" spüren, um zu „verkündigen"? Wenn wir uns „erloschen" fühlen? Die Gründe sind vielfältig; es sollte nicht gleich als Schuld oder Versagen gedeutet werden. Fakt ist: Das gibt es.

Jesus hat am Kreuz seine Gottverlassenheit hinausgeschrien. Therese von Lisieux kannte die furchtbare „Versuchung" zum Atheismus – und wurde die „Patronin der Mission". Mutter Teresa, die „Missionarin der Nächstenliebe", lebte jahrelang in tiefer Gottferne. Chiara kannte ähnliche Erfahrungen. „Fruchtbarkeit", „geistliche Mutterschaft", hat eigene Gesetzmäßigkeiten. Sie ist nicht plan- und machbar. Gott wirkt oft „ganz anders": im Gekreuzigten. Jesus *wurde* auferweckt (Passiv!). – Was bleibt, ist das *Vertrauen* auf den geheimnisvoll agierenden Gott, trotz allem, in allem. Maria blieb unterm Kreuz bei ihrem sterbenden Sohn. „Ich habe nur eine Mutter", schrieb Chiara: die „Desolata", die schmerzensreiche Mutter. „Stabat Mater": Sie blieb. „Ich will bei meinem Jesus wachen", heißt es in Bachs Matthäuspassion. Selbst der Eindruck des Gottesverlustes kann, wo er in „Wachen", in „Bleiben", in „Hoffnung wider alle Hoffnung" gelebt wird, ein ungeahntes Zeugnis sein. „Dennoch-Christen" (Matthias Sellmann) gehören heute wohl zu den wichtigsten Trägern der Botschaft – im Festhalten an der Liebe, im bisweilen blinden Glauben an die Liebe:

Jesus schreit seine Verlassenheit hinaus, und diese wird nicht in Freude gewandelt, sondern endet im Tod … Auch unter Tränen, in Bestürzung, in Angst wollen wir ausrufen, dass wir immer noch an seine Liebe glauben, an jene Liebe, die das Erdenleben und das ewige Leben zugleich umspannt … Also können auch verstörte, verängstigte, weinende Menschen die Frohe Botschaft bezeugen …? Ja, so ist es! Sehnsucht, 96

Beredtes Schweigen: „der verlassene Jesus"

Jesus, das menschgewordene Wort, bringt Gottes Liebe in Wort und Tat. Sein ganzes Leben „spricht", am meisten aber am Kreuz, im Schrei tief empfundener Gottverlassenheit, im Verstummen. Es ist der Höhepunkt, das „Integral seiner ganzen irdischen Existenz" (Eberhard Jüngel), Ausdruck der größten Liebe (vgl. Johannes 15,13). Jesu Sterben, seine Hingabe ist auf paradoxe Weise die höchste Offenbarung Gottes als Liebe, als dreifaltige Liebe: Am Kreuz geschieht etwas zwischen Vater und Sohn; am Kreuz „haucht" Jesus den Geist aus, „übergibt" ihn.[48] – Zeugnis geben, das hieß für Chiara schon in jungen Jahren, Zeugnis geben von der Liebe, und was Liebe ist, das sah sie in einer tiefen Intuition von jeher im Gekreuzigten verkörpert. Der gekreuzigte, verlassene Jesus ist für sie „das voll entfaltete Evangelium":

Eine Begebenheit aus der Vorgeschichte unserer Bewegung. Es gab noch kein Fokolar; ich kannte meine erste Gefährtin noch nicht. Ich arbeitete als Lehrerin. Eines Tages kam eine sehr eifrige Person zu mir, die eine Gruppe junger Leute betreute. Es war ihr gelungen, die Jugendlichen durch Treffen in der Freizeit, durch gemeinsames Musizieren und das Erzählen heiterer Geschichten für den Glauben zu begeistern. Der Betreffende fragte mich, ob ich den Jugendlichen etwas erzählen könnte. Ich sagte zu. „Aber worüber werden Sie sprechen?", wollte er wissen. – „Über die Liebe." – „Und was ist die Liebe?", fragte er neugierig nach. – „Der gekreuzigte Je-

---

48 Vgl. hierzu ausführlicher: Chiara Lubich, Der Schrei der Gottverlassenheit, München 2001, 18-22.

sus", antwortete ich. Vielleicht war es das erste Mal, dass ich als zukünftige Fokolarin von ihm gesprochen habe.

Zu jener Zeit war es in den traditionell geprägten kirchlichen Kreisen, aus denen wir kamen, nicht üblich, von der Liebe zu sprechen. Schon gar nicht konnte man sich vorstellen, dass der Gekreuzigte auch in unserer Zeit ein mächtiges Mittel für das Apostolat sein könnte. Aber hat Jesus nicht gesagt, er werde alle an sich ziehen, wenn er am Kreuz erhöht ist (vgl. Johannes 12,32)? Ich muss gestehen, dass ich bis heute nicht weiß, wer mir diese Definition der Liebe in den Mund gelegt hat. Die Liebe, das ist der Gekreuzigte, der sich „für uns", „für mich" hingegeben hat, wie Paulus schreibt (Epheser 5,2; Galater 2,20).   Der Schrei, 29

Im verlassenen Jesus sahen wir das ganze, das voll entfaltete Evangelium; das Wort schlechthin …

Il dialogo è vita, 92f

Würden wir die Weisungen, die Jesus uns im Evangelium gibt, einzeln betrachten, so stellten wir fest, dass er sie in seiner Verlassenheit alle gelebt hat. In der Verlassenheit erfährt er in aller Härte, was es heißt, Vater, Mutter, ja das eigene Leben hintanzustellen (vgl. Lukas 14,26). Der verlassene Jesus kann alle Seligpreisungen auf sich beziehen. Im verlassenen Jesus strahlen alle Tugenden in einzigartiger Weise auf: Stärke, Geduld, Maß, Beständigkeit, Gerechtigkeit, Großmut … In der Verlassenheit erscheint Jesus nur noch als Mensch: Nie war er dem Menschen so nah, nie hat er ihn also so sehr geliebt. Und zugleich war er nie dem Vater so nah; denn aus Liebe zu ihm stirbt er auf diese Weise. In seiner Gottverlassenheit verkörpert Jesus das Höchstmaß der Liebe zu Gott und zum Nächsten. Und weil darin „das Gesetz und die Propheten" zusammengefasst sind (vgl. Matthäus 7,12), können wir sagen, dass der verlassene Jesus jeden Wunsch, jedes Gebot Gottes voll und ganz erfüllt hat …

Es genügte, auf ihn zu schauen und im gegenwärtigen Augenblick wie er zu leben: Darin war alles zusammengefasst. Auf diese Weise ist alles einfach geworden. Der Schrei, 48f

Vor diesem Hintergrund wird verständlich, dass Chiaras Wunsch, durch *ein sprechendes Leben* Gottes Liebe zu bezeugen, untrennbar verbunden ist mit dem „Ja zum verlassenen Jesus". Aus dem Text „Ich möchte der Welt bezeugen …" spricht dies in höchster Dichte. Zeugnis, Evangelisierung, das ist letztlich ein Bezeugen des Ostergeheimnisses, ein Zeugnis jener Liebe, die sich hingibt und die aus dem Tod ins Leben führt, die verwandelt, verlebendigt und vereint: „Und ich, wenn ich über die Erde erhöht bin, werde alle zu mir ziehen" (Johannes 12,32).

I ch möchte der Welt bezeugen, dass Jesus der Verlassene jede Leere ausgefüllt, jede Finsternis erleuchtet, jede Einsamkeit begleitet, jeden Schmerz
beseitigt, und jede Schuld getilgt hat. A1, 26

I ch werde durch die Welt gehen und ihn [Jesus in
seiner Verlassenheit] suchen in jedem Augenblick
meines Lebens ... A1, 27f

Ihn suchen, um „in Gemeinschaft mit ihm", dem „Bräutigam", wie Chiara in mystischer Sprache sagt, „Wasser der Trübsal zu trocknen" (ebd.) ... Sein Schrei hallt wider im Schrei der Armen, der Leidenden, der Hoffnungslosen, der von Krieg und Ungerechtigkeit Geplagten wie auch im „Schrei der Erde", einer zunehmend zerstörten Natur.

Den verlassenen Jesus suchen, ihn „trösten", in welcher Gestalt er uns auch entgegentritt, auch das ist eine Weise, in der Chiara ihren Ruf und ihre Sendung ins Wort bringt. – Ihn suchen, ihm unser Ja sagen heißt auch: Ja sagen dazu, dass unser Zeugnis immer hinter seinem Wort zurückbleibt, und weitergehen. *Sein* Wort ist größer als alle unsere „Umsetzungen". Auch deshalb bleibt es wichtig, uns sein Wort zusprechen zu lassen: Wir brauchen die Verkündigung, die Zu-*sage* seiner barmherzigen Liebe. *Er* ist es, der jede Leere ausfüllt.

„*Nicht der religiöse Akt macht den Christen, sondern das Teilnehmen am Leiden Gottes im weltlichen Leben.*"
Dietrich Bonhoeffer, DBW 8, 535f

DIALOG IST MEHR ALS STRATEGIE

Evangelisierung beinhaltet den Dialog – auf allen Ebenen, mit allen Menschen, mit Religionen und Weltanschauungen. Mission oder Dialog, das ist für die Kirche(n) längst keine Alternative mehr: „Verkündigung und Dialog werden beide ... als sich ergänzende Elemente und authentische Formen des einen Evangelisierungsauftrages der Kirche betrachtet."[49] Beide sind notwendig: Ganzheitliche Evangelisierung braucht das eine wie das andere.

Im Übrigen ist Gott längst schon am Werk. Überall. Der Glaube an seine Liebe zu allen Menschen kann den Blick für dieses Wirken schärfen, für die „Saatkörner des Wortes", „die Reichtümer, die der freigebige Gott unter den Völkern verteilt hat" (Ad Gentes, 11). Schon deshalb kann Dialog, auch der interreligiöse oder der mit Menschen ohne religiöses Bekenntnis, niemals eine bloße Strategie sein. Er ist weit mehr als nur ein erster Schritt auf dem Weg zu „ihrer Bekehrung". Denn auch in „den anderen" begegnet uns „Heiliges". Nur gemeinsam, in Respekt und Zusammenarbeit, ja im Lernen voneinander können wir an einer Welt im Sinne Gottes arbeiten. „Wir können gemeinsam die Wahrheit im Dialog suchen, im ruhigen Gespräch oder in der leidenschaftlichen Diskussion. Das ist ein Weg, der Ausdauer braucht und auch vom Schweigen und Leiden geprägt ist. Er ist in der Lage, geduldig die umfangreiche Erfahrung der Menschen und Völker zusammenzubringen" (Papst Franziskus, Fratelli tutti, 50).

Chiara betont ausdrücklich die verschiedenen Dimensionen der Evangelisierung. Und sie hat zunehmend auf den Dialog in alle Richtungen gesetzt.

---

49   Päpstlicher Rat für den Interreligiösen Dialog und Kongregation für die Evangelisierung der Völker: „Dialog und Verkündigung" (19.5.1991), Nr. 2.

Die Evangelisierung ist ein ganz weites Thema mit vielen Aspekten ..., sie geht von der Verkündigung zum Dialog. Nairobi, 10.5.1992, in: Ann 166

Vollkommen sein in der Liebe heißt auch, den inneren Reichtum der verschiedenen Kirchen zu schätzen und die guten Bestrebungen aller Menschen zu verstehen, auch derer, die Christus nicht kennen. AB, 50f

Wer nicht gegen uns ist, der ist für uns", sagt Jesus (Markus 9,40). – Die Apostel hatten einen Mann beobachtet, der im Namen Jesu Dämonen austrieb. Weil er nicht zu ihrer Gruppe gehörte, versuchten sie, ihn daran zu hindern ... Jesus bekam es mit und wies sie zurecht. Wer in seinem Namen Gutes tue, so erklärte er ihnen, stehe auf seiner Seite. Und er ging noch weiter: Es genüge schon, dass man sich nicht gegen ihn stelle, um zu ihm zu gehören.

Hinter dem Eingreifen der Apostel kann man unschwer den allzu bekannten kleinkarierten Gruppenegoismus erkennen. Man duldet nicht, dass andere anders denken ... Man beruft sich darauf, dass man doch aus Liebe zur „Sache Gottes" handele; es gehe um die Verteidigung des wahren Glaubens. In Wirklichkeit versteckt sich hinter diesem scheinbaren Eifer anderes: Verschlossenheit dem gegenüber, was Gott will; der Anspruch, allein im Besitz der Gaben

Gottes zu sein; Stolz oder geistliche Überheblichkeit. All dies rückt den christlichen Glauben in ein schiefes Licht und ist dem Guten abträglich, das Gott durch uns tun will. Wie ganz anders ist dagegen die Haltung Jesu! Er freut sich an der außerordentlichen Großzügigkeit, mit der die Liebe des Vaters im Himmel ihre Gaben auf Erden austeilt, um seinen Heilsplan zu vollenden. Jesus sieht in allem Positiven, was Menschen aus ihrem guten Willen heraus tun, den Vater am Werk. Ja, er betrachtet sogar all jene als seine Verbündeten und Freunde, die gegen das Böse angehen und für die Verwirklichung des Reiches Gottes arbeiten, auch wenn sie sich dessen oft gar nicht bewusst sind …

Es ist richtig: Durch Jesus hat uns der Vater im Himmel Licht und Gnaden von unschätzbarem Wert geschenkt, und wir werden ihm nie genug dafür danken können. Dieses Bewusstsein können wir jedoch nur in aller Demut bewahren und bezeugen. Und wir sollten in der Lage sein, das Wirken Gottes und seine Gaben in all dem Guten und Positiven anzuerkennen, das wir um uns herum entdecken. Jesus ruft uns zu einer Liebe auf, die dialogfähig ist. Sie lässt nicht zu, dass wir uns unter Gleichgesinnte zurückziehen und uns verschließen. WdL, in: Nst 9/1991

Die Weitergabe der Botschaft gelingt nur, wenn die Weise des Weitergebens *der Botschaft entspricht*: wenn es „Liebe" ist. Liebe von oben herab ist ein innerer Widerspruch; christliche Verkündigung und Evangelisierung setzt Augenhöhe voraus, hat Dialogcharakter – von innen her. *Sie begibt sich in die Situation des anderen, schafft Gleichheit, Gegenseitigkeit – und ist gerade so Teilhabe an der Sendung Jesu Christi.* Unübertroffen ist dies im schon zitierten zweiten Kapitel des Philipperbriefs ausgedrückt: „Wenn es ... eine Ermahnung in Christus gibt, einen Zuspruch aus Liebe, eine Gemeinschaft des Geistes, ein Erbarmen und Mitgefühl, dann macht meine Freude vollkommen, dass ihr eines Sinnes seid, einander in Liebe verbunden, einmütig, einträchtig, dass ihr nichts aus Streitsucht und nichts aus Prahlerei tut. Sondern in Demut schätze einer den andern höher ein als sich selbst. Jeder achte nicht nur auf das eigene Wohl, sondern auch auf das der anderen. Seid untereinander so gesinnt, wie es dem Leben in Christus Jesus entspricht: *Er war Gott gleich, hielt aber nicht daran fest, Gott gleich zu sein, sondern er entäußerte sich und wurde wie ein Sklave und den Menschen gleich. Sein Leben war das eines Menschen; er erniedrigte sich und war gehorsam bis zum Tod, bis zum Tod am Kreuz ...*" (Philipper 2,1ff).

„Sich einsmachen": das Geheimnis des Dialogs

> „Den Schwachen bin ich ein Schwacher geworden,
> um die Schwachen zu gewinnen.
> Allen bin ich alles geworden,
> um auf jeden Fall einige zu retten."
> Paulus (1 Korinther 9,22)

Sich einsmachen: In diesen einfachen Worten steckt *das Geheimnis eines Dialogs, der Einheit bewirken kann.* „Sich einsmachen" mit dem Gesprächspartner

ist nicht eine Taktik oder eine äußerliche Verhaltens-
weise; es ist nicht nur eine Haltung des Wohlwol-
lens, der Offenheit, des Respekts oder die Vermei-
dung von Vorurteilen. Es ist all das, ja, aber es kommt
noch etwas hinzu. Diese Praxis des „Sich-Einsmachens" erfordert das Leer-Sein von sich selbst, das
heißt: beiseite stellen, was wir an Vorstellungen im
Kopf haben, was wir an Gefühlen im Herzen tragen
und woran unser Wille hängt, um uns in den anderen hineinzuversetzen. Wir können uns ja nicht in
die Lage eines Bruders oder einer Schwester einfühlen, um ihn oder sie zu verstehen, um Leid oder
Freude zu teilen, wenn wir selbst voller Sorgen, Urteile, Gedanken oder anderer Dinge sind. Das „Sich-
Einsmachen" erfordert, arm zu sein im Geist, um
reich an Liebe zu sein.

Vortrag im Aachener Dom, 13.11.1998, in: „Die Trennungen
überwinden" (Fokolar-Bewegung – Dokumente 6, S. 12f

Jedes Wort Gottes ist das Mindest- und zugleich
das Höchstmaß dessen, was Gott von uns fordert.
Wenn wir lesen: „Du sollst deinen Nächsten lieben
wie dich selbst" (Matthäus 19,19), so ist dies das
Höchstmaß des Gebotes der Nächstenliebe. Der
Nächste ist ein anderes Du-selbst, und als solchen
sollst du ihn lieben. Wenn er weint, wirst du mit
ihm weinen; wenn er lacht, wirst du mit ihm lachen;
wenn er unwissend ist, benimmst du nicht wie ein

Besserwisser; wenn er einen lieben Menschen verloren hat, wirst du dich mit ihm einsmachen in seinem Schmerz ... Jeder Mensch, der uns begegnet, ist für uns ein Nächster. A1, 158f

Erich Fromm stellte fest, dass die Menschen unseres Kulturkreises nur selten die „Kunst des Liebens" zu lernen versuchen: „Trotz unserer tiefen Sehnsucht nach Liebe halten wir doch fast alles andere für wichtiger ...: Erfolg, Prestige, Geld und Macht. Unsere gesamte Energie verwenden wir darauf zu lernen, wie wir diese Ziele erreichen, und wir bemühen uns so gut wie überhaupt nicht darum, die Kunst des Liebens zu erlernen."[50] – Wenn wir die Kunst zu lieben praktizieren, wie wir sie im Evangelium Christi finden, kann es zu einer friedlichen, aber einschneidenden „Revolution der Liebe" kommen, einer „Revolution", die nicht nur das geistliche Leben betrifft, sondern den Menschen und die Gesellschaft als Ganze ... Es ist eine Liebe, die nicht nur aus Worten besteht; sie ist keine Gefühlssache, sondern wird konkret. Sie verlangt, dass wir uns einsmachen mit dem anderen, uns in ihn hineinversetzen, sein Leid, seine Bedürfnisse, seine Freude teilen, um ihn zu verstehen und ihm wirksam helfen zu können. L'arte di amare, 23

---

50   Die Kunst des Liebens, Stuttgart 1980, 16.

Klaus Hemmerle hat, auch inspiriert von Chiaras Motto des Sich-Einsmachens, ein wegweisendes, zugespitztes Wort geprägt, in dem sich aufrichtig-absichtsloses Interessiert-Sein am andern verbindet mit dem Gesandt-Sein, das bestehen bleibt, aber einen anderen Charakter bekommt. Es nimmt Gestalt an in dynamischer Wechselseitigkeit:

> „Lass mich dich lernen (!),
> dein Denken und Sprechen, dein Fragen und ... Dasein,
> damit ich daran die Botschaft neu lernen kann,
> die ich dir zu überliefern habe."[51]

Die Botschaft bleibt also dieselbe – und wird doch neu erfasst in der Begegnung mit jedem neuen Adressaten. Und dabei verändert sie auch die Überbringer, die sie „neu lernen", in neuen Facetten, in größerer Weite als zuvor verstehen.

Wieder zeigt sich: Evangelisieren ist nie Wiederherstellung früherer, vermeintlich christlicher Zeiten. Es ist zukunftsgerichtete Weggemeinschaft „unter dem Wort" – in Wertschätzung, auf Augenhöhe mit den Zeitgenossen.

Auf Augenhöhe und in gegenseitiger Wertschätzung

Im Dialog sein bedeutet vor allem, auf Augenhöhe miteinander zu sprechen, sich nicht für besser zu halten als der andere. Mit jedem Menschen kann man in einen solchen Dialog treten, auch mit dem Jüngsten, auch mit dem Elendsten ... Es bedeutet

---

51 Klaus Hemmerle, Was fängt die Jugend mit der Kirche an? Was fängt die Kirche mit der Jugend an?, in: Internationale Katholische Zeitschrift 12 (1983) 306–317. Das Zitat bezieht sich unmittelbar auf die Jugendpastoral, hat aber grundlegende Bedeutung.

auch, auf das zu hören, was der andere im Herzen hat, das heißt sich ihm ganz zu öffnen. Dazu ist es nötig, die eigenen Gedanken zurückzustellen, Gefühle oder Anhänglichkeiten beiseite zu lassen ... Möglichst frei sein, um sich in den anderen wirklich hineinversetzen zu können ...

Ein so geführter Dialog trägt zur universalen Geschwisterlichkeit bei; er ermöglicht die Begegnung mit den unterschiedlichsten Menschen, selbst mit solchen, mit denen wir es nicht für möglich gehalten hätten. Sehnsucht, 281

Zur gegenseitigen Liebe gehört auch, die anderen wertzuschätzen und uns in aller Einfachheit mit ihnen zu freuen ... Wo die Liebe und die Güte wohnt, dort ist Gott. Santità di popolo, 65f

Wir wissen selbst, dass wir nicht besser sind als alle anderen, und nur Gott weiß, wie wenig wir den Gnaden, die er uns geschenkt hat, entsprochen haben. AB, 156

„Ein Christ ist nicht besser als ein Nichtchrist. Er hat es besser. Das ist der Unterschied. Und ich versuche, so zu leben, dass die Dankbarkeit dafür, dass ich es besser habe, Gestalt gewinnt."

Johannes Rau

Als ich eine schwere innere Anfechtung durchzustehen hatte, die mich zutiefst erschütterte, die mich demütigte und meinen Stolz beugte, empfand ich in mir eine verständnisvollere Liebe, die mehr in die Tiefe ging und sich spontan und mit Leichtigkeit den Mitmenschen zuwandte. Ich verstand, dass zur echten Liebe auch Demut und Loslassen gehören; ich sollte dem Nächsten in dieser Haltung begegnen: mich selbst zurücknehmen, um ihm in mir Raum zu geben.

Cercando, 18f

Einem Mitmenschen begegnen heißt auf eine Goldmine stoßen ...

Den Nächsten lieben bereichert auch uns selbst, denn wer Liebe hat, dem wird gegeben (vgl. Matthäus 13,12). Auch Augustinus war davon überzeugt: „In der Liebe zum Nächsten wird der Arme reich; ohne sie ist der Reiche arm."

Sehnsucht, 222

Das Gute sehen und Vertrauen schenken, dazu lädt Chiara ein. An Verbindendes anknüpfen, ohne Unterschiede zu leugnen, das ist der Weg, um beizutragen zu einer geschwisterlichen Welt. Papst Franziskus schreibt: Der „Blick des Glaubens" ist „fähig, das Licht zu erkennen, das der Heilige Geist immer inmitten der Dunkelheit verbreitet. Unser Glaube ist herausgefordert, den Wein zu erahnen, in den das Wasser verwandelt werden kann, und den Weizen zu entdecken, der inmitten des Unkrauts wächst" (Evangelii gaudium, 84). Wir haben allen Grund, anderen – nicht naiv, aber: – mit Wertschätzung zu begegnen.

Das Positive unterstreichen! Es gehörte schon immer zu unserem Stil, das ins Licht zu rücken, was gut ist; denn wir sind der Überzeugung, dass es unendlich viel konstruktiver ist, das Gute, die positiven Perspektiven zu betonen, als sich beim Negativen aufzuhalten. Dabei ist natürlich klar, dass zu einem verantwortungsvollen Handeln auch gehört, im rechten Moment auf Fehler, Grenzen und Schuld hinzuweisen ... Denn so ist die Liebe: Sie kennt die Wirklichkeit, ist aber fähig, sie zu verwandeln, damit das Gute ... zum Durchbruch kommt.

Aus einer Rede bei einem Kongress für Medienschaffende,
Castel Gandolfo, 2.6.2000, in: Impulse mit Breitenwirkung, 94f

Arbeiten wir, engagieren wir uns, greifen wir das Gute auf, bringen wir es voran, und schenken wir allen Vertrauen; denn wir folgen ja dem Allmächtigen. A1, 285

Erforschen wir unser Herz, um Gleichgültigkeit, Abneigung und Überheblichkeit gegenüber unseren Mitmenschen daraus zu verbannen. Am besten wäre es, uns gleich am Morgen vorzunehmen, diejenigen, denen wir zu Hause, in der Schule, beim Einkaufen, am Arbeitsplatz usw. begegnen, mit neuen Augen zu sehen ... Schenken wir Vertrauen, statt Urteile zu fällen; glauben wir voll Hoffnung an das

Gute im anderen; vergeben wir … Und bitten wir unsererseits um Entschuldigung … Dann können wir voll Vertrauen zu unserem Vater im Himmel beten: „Vergib uns unsere Schuld, wie auch wir vergeben unseren Schuldigern" (Matthäus 6,12). A1, 9

* * *

Eine subtile Überheblichkeit wäre es, zu meinen, *wir* wären „diejenigen, die lieben" – und die anderen wären bloße Empfänger unserer Liebe und würden vielleicht irgendwann auch verstehen, worauf es ankommt. Auch die anderen haben zu geben! Oft sind wir selber die Beschenkten oder die Bedürftigen, und andere sind *für uns* da. So oder so: Was zählt, ist am Ende das schenkende Für- und Miteinander, sind Beziehungen wirklicher Gegenseitigkeit.

In einer in vielen Buchausgaben abgedruckten Betrachtung schreibt Chiara darüber aus eigener Erfahrung:

Wenn wir jemandem aus Liebe einen Dienst erweisen, sollten wir nicht meinen, wir hätten etwas Besonderes getan. Es ist eigentlich selbstverständlich … Und wenn wir selber einmal auf Hilfe angewiesen sind, sollten wir uns nicht gedemütigt fühlen. Beim Jüngsten Gericht wird Jesus sagen: „Ich war krank, und du hast mich besucht … Ich war gefangen, war nackt, war hungrig …" (vgl. Matthäus 25,35-36). Jesus „verbirgt sich" gerade im Leidenden und Bedürftigen. Seien wir uns also auch in einer solchen Lage unserer Würde bewusst, und danken wir aus ganzem Herzen denen, die uns beistehen. Doch unser tiefster Dank soll Gott und Christus vorbehalten sein: Gott, der den Menschen ein Herz gegeben hat, das lieben kann; Christus, der durch seine Hingabe am Kreuz die Frohe Botschaft und vor allem „sein" Gebot besiegelt und so zahllose Menschen bewegt hat, füreinander da zu sein. A1, 42f

Wir brauchen einander – und gerade das kann das Leben füreinander in Gang setzen, kann zumal auf schwierigen Etappen, auf Durststrecken zur gemeinsamen Suche nach verborgenen „Quellen" motivieren.

„Christen sind Partner aller anderen auf der Suche nach dem Morgen für die Menschheit. Unsere gemeinsame Startbasis, ja, auch die Startbasis für uns als Christen sind die jämmerlichen Ansätze, die wir in der Hand haben, und das schier bodenlose Defizit, das es aufzuholen gilt. Da können wir nicht geschwind an die Kraftquellen des Glaubens appellieren, da müssen wir mit allen anderen zusammen die Wüste nach Oasen absuchen, das Gestein nach Wasseradern, die vielleicht doch irgendwo verborgen sind."
Klaus Hemmerle beim 84. Deutschen Katholikentag, Mönchengladbach 11.9.1974, zit. nach: Hemmerle, Kirche, 41

Ein Weg von unten

„Seid stets bereit, jedem Rede und Antwort zu stehen,
der von euch Rechenschaft fordert über die Hoffnung,
die euch erfüllt; antwortet aber bescheiden und ehrfürchtig."
1 Petrus 3,15f

Wir sind Glieder eines einzigen Leibes, und es ist unsere Pflicht, *einander zu dienen* … Gott hat den Menschen ein Herz gegeben, das lieben kann; durch seine Hingabe am Kreuz hat Christus die Frohe Botschaft und vor allem „sein" Gebot besiegelt und so zahllose Menschen bewegt, füreinander da zu sein.

A1, 42f

Im Menschen kommt Jesus auf mich zu: als Geschenk, als Bereicherung, als Ansporn, als Werkzeug zu meiner Läuterung; *im Menschen will Jesus unsere Liebe und unseren Dienst entgegennehmen.*

Im Menschen Christus erkennen, 9

„‚Ich bin in eurer Mitte als einer, der dient' (Lukas 22,27), dieses Wort Jesu an seine Jünger muss glaubhaft das Wort der Kirche an die Welt sein. … Um auf das Bild vom Gang nach Emmaus zurückzukommen: Wir, die Kirche, spielen nicht zuerst die Rolle des Herrn, und die Welt spielt nicht demgegenüber die Rolle der ratlosen Wanderer. Nein, wir selbst und die Kirche selbst und die Welt selbst, wir sind gemeinsam und zuerst diese Wanderer. Nur dann ist er da, ist er in der Mitte."

Klaus Hemmerle beim 82. Deutschen Katholikentag,
Essen 4.9.1968, zit. nach: Hemmerle, Kirche, 13

Einheit fördern, Vielfalt schätzen

Einheit in christlichem Verständnis ist nie Uniformität. Einheit *ist* immer schon und nur in Vielfalt. Gott ist Dreifaltigkeit, Dreieinigkeit. Die Vielfalt trägt, stärkt und bereichert die Einheit, wenn Eigenes nicht der Abgrenzung und Selbstbehauptung dient, sondern zum Geschenk wird. Es ist eine Einheit, die sich in eine unendliche Mannigfaltigkeit „bricht". Der Vergleich mit dem Wasser, das als Schnee in zahllosen einzigartigen Kristallen „vom Himmel kommt", ist ein treffliches Bild – hier für die Kirche. Aber es gilt darüber hinaus, denn die einend-unterscheidende Liebe ist, wie es in dem anschließend zitierten Text heißt, „ins Erbgut eines jeden Menschen eingeschrieben": Dafür sind wir gemacht.

Die Kirche erscheint mir wie ein blühender Garten, in dem die verschiedenen Worte Gottes wie bunte Blumen zur Entfaltung kommen und so die überreiche Fülle zeigen, die Christus, das Wort Gottes, in sich birgt. In Jesus hat die Liebe vollendete Gestalt angenommen; er ist – mit einem Psalmwort gesprochen – „der Schönste von allen Menschen" (Psalm 45,3). Wie Wasser, das zu Schnee wird, in unzähligen Kristallen vom Himmel fällt, so entfaltet sich die Liebe in der Kirche. Kristallen gleich beginnen die vielen Aspekte der Liebe zu leuchten in Menschen, die diese oder jene Tugend verkörpern. Denken wir zum Beispiel an die Ordensgründer, die aus Gottes Wort zu leben versuchten und mit Gott verbunden waren. In ihrem Leben scheint auf, wozu

Gott die Menschen berufen hat: „Worte im Wort" zu sein, das heißt in Christus zu sein und etwas von ihm zum Ausdruck zu bringen. Ins Paradies treten wir ein als verwirklichtes Wort: „Himmel und Erde werden vergehen, aber meine Worte werden nicht vergehen" (Matthäus 24,35). Gottes Wort, 40f

Die Liebe ist ins Erbgut eines jeden Menschen eingeschrieben. Wenn die Liebe gegenseitig wird, dann ist Christus unter uns; denn das hat er versprochen: „Wo zwei oder drei in meinem Namen (das heißt in seiner Liebe) versammelt sind, da bin ich mitten unter ihnen" (Matthäus 18,20) … So wächst jene menschlich-göttliche Einheit, die über kulturelle und politische Unterschiede hinweg auf tiefe Weise verbindet. Auf der Grundlage dieser Verbundenheit bekommt die Verschiedenheit ihre wahre Bedeutung; die Unterschiede werden zum gemeinsamen Reichtum. Impulse mit Breitenwirkung, 99

Die Realität sieht zumeist anders aus: Unübersehbar sind die Spannungen, die wachsenden Polarisierungen, auch in der Kirche. Die Herausforderung liegt darin, „die Einheit zu wahren" und *zugleich* den berechtigten Anliegen nach Differenzierung und Vielfalt Rechnung zu tragen. Gesucht ist ein „trinitarischer Lebensstil", eine „Verortung' der Dreifaltigkeit in der Geschichte" (Piero Coda)[52].

---

52 A. a. O., 110.

Wenn *die Liebe zu Christus im anderen* gegenseitig wird, dann lebt man nach dem Vorbild der Dreifaltigkeit; zwei Menschen, die sich so begegnen, stehen zueinander wie Vater und Sohn; zwischen ihnen bricht sich der Heilige Geist, die Seele des mystischen Leibes, mit seinen Gaben Bahn. Wenn sich Brüder und Schwestern um Jesu willen begegnen, werden sie eins, wie auch Gott eins ist; doch sie bleiben unterschieden, so wie Gott *drei*einig ist, weil er die Liebe ist. Wenn man sich in dieser Weise begegnet, wird das Wort Christi Wirklichkeit: „Wo zwei oder drei in meinem Namen versammelt sind, da bin ich mitten unter ihnen" (Matthäus 18,20). Dort lebt der Auferstandene. Sehnsucht, 318

„Die Unterschiede zwischen den Menschen und den Gemeinschaften sind manchmal lästig, doch der Heilige Geist, der diese Verschiedenheiten hervorruft, kann aus allem etwas Gutes ziehen und es in eine Dynamik der Evangelisierung verwandeln, die durch Anziehung wirkt. Die Verschiedenheit muss mit Hilfe des Heiligen Geistes immer versöhnt sein; nur er kann die Verschiedenheit, die Pluralität, die Vielfalt hervorbringen und zugleich die Einheit verwirklichen. Wenn hingegen wir es sind, die auf der Verschiedenheit beharren, und uns in unsere Partikularismen, in unsere Ausschließlichkeiten zurückziehen, verursachen wir die Spaltung, und wenn andererseits wir mit unseren menschlichen Plänen die Einheit schaffen wollen, zwingen wir schließlich die Eintönigkeit, die Vereinheitlichung auf." *Papst Franziskus, Evangelii gaudium, 131*

Mit einem neuen Blick auf die Welt

Wie wir miteinander und mit anderen umgehen, hängt nicht zuletzt von unserem Blick ab. „Wir können darüber nachdenken, ob unser Blick dem Blick Jesu gleicht … Denken wir darüber nach", lädt Papst Franziskus ein: „Jesus mitteilen, mit dem Blick, mit den Gesten … Dieses anziehende Zeugnis, dieses freudige Zeugnis ist das Ziel, zu dem Jesus uns bringt mit seinem liebevollen Blick und mit der Bewegung des Aufbruchs, die sein Geist im Herzen erweckt" (Generalaudienz vom 11.1.2023).

Allein die Liebe mache sehend, allein in der Liebe werde die Wahrheit authentisch, betont Chiara (vgl. A1, 276f). Im Licht der Liebe, die nicht Beliebigkeit, wohl aber Barmherzigkeit ist, sehen wir uns und die anderen anders als „normalerweise". Wir *sehen*: Christus ist schon da; er kommt uns entgegen in den anderen, in dem, was sie uns zu geben haben, wie in ihrer Not. Wir sehen, wie Gottes Geist überall am Werk ist. Liebe schenkt einen Blick der Hoffnung.

Wir sollten glauben, dass letztlich das Licht über die Finsternis siegt …; wir sollten den Himmel betrachten, der auch in uns ist; an dem festhalten, was Bestand und Wert hat; uns vereinen mit der Dreifaltigkeit, die in der Seele wohnt und sie mit ewigem Licht erleuchtet … Dann sehen wir die Welt und die Dinge, wie Christus sie sieht … Wir werden in den anderen dasselbe Licht entdecken, das auch in uns leuchtet, die eigentliche Wirklichkeit, das, was uns zutiefst ausmacht: Christus, der in uns und in den anderen ist.

AB, 166

Es ist ein „mütterlicher Blick", ein Sehen mit den Augen einer Mutter, die Bedürfnisse wahrnimmt und ohne Aufhebens einfach da ist und Familie schafft – ein Anliegen, das Chiara bis zuletzt beseelte: „Seid Familie!", wünschte sie denen, die sie einmal zurücklassen würde (vgl. Sehnsucht, 388).

Eine Mutter, die mit ihrem Kind in natürlicher Liebe verbunden ist, freut sich, wenn es ihm gut geht, und teilt all seine Ängste und Sorgen mit ihm. Wie viel mehr müssten wir uns, die wir mit den Schwestern und Brüdern durch ein übernatürliches Band geeint sind, die Freude und den Schmerz der anderen zu eigen machen! Es geht darum, unseren Glauben zu verlebendigen durch die gelebte christliche Liebe. Sie befreit von Neid, Eifersucht, Nörgeleien, Urteilen und anderen Übeln, die das kostbare Geschenk des Lebens oft zur Hölle machen. A1, 277

Wenn jemand in Christus ist, dann ist er eine neue Schöpfung: Das Alte ist vergangen, Neues ist geworden" (2 Korinther 5,17). – Ein Mensch, der „neu" geworden ist, *sieht die Dinge anders, handelt anders, liebt anders.* Dies geschieht, wenn in ihm jene Liebe lebendig ist, die der Heilige Geist in die Herzen ausgießt (vgl. Römer 5,5). Es ist Teilhabe an der Liebe, die Gott selbst ist. Cercando, 13f

Sehen im Licht des Evangeliums, das bedeutet: sich die Augen öffnen lassen wie jener geheilte Blinde, der plötzlich „Menschen sieht" (vgl. Markus 8,24). So kann geschehen, was Chiara wie folgt beschreibt:

Mein Blick ist nun nicht mehr erloschen; vielmehr schaue ich durch die Leere meiner Seele wie durch eine Pupille, die durchlässig ist für das ganze Licht, das in ihr ist (wenn ich Gott in mir leben lasse), auf die Welt und die Dinge. Doch nicht mehr ich schaue, sondern Christus ist es, der durch mich schaut. Und er sieht auch heute wieder Blinde, denen er das Augenlicht geben will; Stumme, denen er die Sprache, und Lahme, denen er die Beweglichkeit geben will.[53]

„Fünf Dialoge"

Aus dem überwiegend katholischen Trient stammend, war auch Chiara entsprechend geprägt. Mit ihrem „Ideal", „dass alle eins seien", verband sie zunächst kein ökumenisches Engagement. In Jesu Bitte an den Vater (Johannes 17,21) geht es ja auch um mehr als um die (wichtige!) Frage, wie die christlichen Kirchen, die verschiedenen Konfessionen zu einer Einheit finden können. Dass Chiara das „Testament Jesu" umfassender verstand, sollte sich später in den Kontakten mit Christen anderer Konfessionen als Chance erweisen: als Ansporn, über konfessionelle Grenzen

---

53 Chiara Lubich, Resurrezione di Roma (Die Auferstehung Roms), in: Nuova Umanità XVII (1995), 6. Vgl. auch oben S. 44. Der vollständige deutsche Text findet sich im Anhang, S. 211–216.

hinweg jetzt schon eine tiefe Einheit in der Liebe zu praktizieren, die von innen her nach einer Überwindung der Kirchenspaltung ruft. – Es waren Begegnungen schon vor dem Zweiten Vaticanum mit evangelischen Christen, später mit Angehörigen anderer Konfessionen und Religionen sowie mit Menschen ohne religiöses Bekenntnis, die Chiara verstehen ließen: Auch hier ist sie persönlich, ist auch die Fokolar-Bewegung angefragt.

Die katholische Kirche hat im Konzil alle Menschen in den Blick genommen: von den „katholischen Gläubigen" über die anderen Christen, die Juden („jenes Gottesvolk, dem der Bund und die Verheißungen gegeben worden sind und aus dem Christus dem Fleische nach geboren ist") und Angehörige anderer Religionen, insbesondere die Muslime, hin zu allen (LG 14-16).

Analog spricht Chiara von „vier Dialogen": dem in der eigenen Kirche, dem mit anderen Christen, dem interreligiösen Dialog und dem mit Menschen ohne religiöses Bekenntnis. Hinzugefügt wurde später als „fünfter Dialog" der mit der zeitgenössischen Kultur. In diesen Dialogen konkretisiert und spezifiziert sich laut Statut der Fokolar-Bewegung ihr „besonderes Ziel" lebendiger Einheit und universaler Geschwisterlichkeit (vgl. Art. 6a–e).[54]

Innerkirchlich

Schon Ende der 1960er-Jahre drängte Chiara darauf, anderen kirchlichen Gruppierungen und Kräften mit großer Wertschätzung zu begegnen:

Es erfüllt uns mit Freude, wenn wir das Reich Gottes vielen verkünden können und wenn einige sich unserer Gemeinschaft anschließen. Doch solange wir uns nicht genauso über alle Anstrengun-

---

54 Zum Folgenden vgl. auch Aretz (Hg.), 53ff. In dieser biografischen Skizze finden sich weitere Details zur historischen Entwicklung insbesondere der ökumenischen Kontakte und des interreligiösen Engagements Chiaras und der Fokolar-Bewegung.

gen und Erfolge in der gesamten Kirche freuen, ist unsere Liebe unvollkommen. In der Begegnung mit anderen kommt es darauf an zu erfassen, welchen Auftrag, welche Sendung Gott ihnen oder der Gruppe, der sie angehören, zugedacht hat. Lieben wir sie so, dass sich dieser Auftrag erfüllen kann. Denn nur wenn uns die anderen Werke in der Kirche und ihre Entwicklung ebenso am Herzen liegen wie unser eigenes, dienen wir wirklich der Kirche, als ihre Söhne und Töchter.

Bittet man uns, diese oder jene Einrichtung zu unterstützen, die uns womöglich überholt erscheint, sollten wir nicht gleich Bedenken äußern oder Reformvorschläge einbringen. Stellen wir uns vor Gott, und vergegenwärtigen wir uns, dass wir der Kirche und allem, was zu ihr gehört, Respekt schulden. Es wäre nicht christlich, nur die Mängel zu sehen oder Formen anzuprangern, die ihren Sinn verloren zu haben scheinen.

Vergegenwärtigen wir uns vor allem, wie viel Schmerz dieses oder jenes Werk seinen Gründer gekostet hat. Denken wir an seinen oft hart geprüften Glauben, an den Einsatz und die Opferbereitschaft seiner ersten Gefährten, an die Liebe, mit der die Kirche sein Werk geprüft, gestützt, approbiert und ermutigt hat. Wir können nicht einfach über die einstige Größe dieser Werke und über all das Gute hinwegsehen, das sie oft bis heute wirken. Wie auf

Zehenspitzen sollten wir ihnen begegnen, in einer ähnlich ehrfürchtigen Haltung, in der wir eine Kirche betreten. Unsere Aufgabe ist, diese Werke und die Menschen, die ihnen angehören, zu lieben, ihre Ziele und ihren Einsatz wertzuschätzen. Dann werden wir gemeinsam entdecken, was sie an Schönem und bleibend Aktuellem in sich tragen – zur Freude derer, die dazugehören. Jedes Werk hat seine eigene Aufgabe und ist deshalb in gewisser Weise unersetzlich. Die Liebe kann helfen, wieder die göttliche Liebe zu spüren, die es einst hervorgebracht hat, und mit Mut daranzugehen, sich zeitgemäß zu erneuern, zu wachsen und sich zu entfalten. Wie die Sonne Wärme schenkt, bewirkt die Liebe, dass jeder Einzelne und jede Gruppe in der Kirche, dem Leib Christi, in neuer Frische auflebt. AB 207f

Chiara hat, wo es gut und sinnvoll ist, die Zusammenarbeit mit anderen kirchlichen Gruppen, auf Pfarrei- und Diözesanebene wie bei gesamtkirchlichen Veranstaltungen gefördert. Oft hat sie sich auch selbst beteiligt, etwa beim Katholikentag 1982 in Düsseldorf oder beim Weltjugendtag 1991 in Tschenstochau, um nur zwei Beispiele anzuführen. Zu nennen sind auch die „Pfarrei-" und „Diözesanbewegung" und aus Chiaras letztem Lebensjahrzehnt die zunächst innerkatholischen Begegnungen mit Vertretern kirchlicher Bewegungen und Gemeinschaften. Eine Zusammenkunft von 300.000 Mitgliedern und Freunden zu Pfingsten 1998 auf dem Petersplatz in Rom wurde als „machtvolles Wehen des Gottesgeistes" erlebt (Aretz (Hg.), 55). – Eine besondere Verbindung besteht inzwischen auch zu eigenständigen Initiativen, die von der Fokolar-Spiritualität inspiriert sind, wie *Nuovi Oriz-*

zonti oder die *Fazendas da Esperança.* Wo immer Menschen auf freilassende, wertschätzende Weise mit Jesus und seiner Botschaft in Berührung gebracht werden, verdient das Anerkennung, auch wenn einem das eine oder andere fremd ist. Wie es in dem soeben zitierten Text heißt: Wir sind eingeladen, einander in einer Haltung der „Ehrfurcht" zu begegnen, damit die Kirche ein „blühender Garten" sei: ein bunter Garten ohne Grenzzäune.

Ökumenisch

Dass sie mit Christen verschiedenster Konfessionen in Kontakt kommen würde, hatte Chiara nicht geplant, was sich daraus entwickelte, noch weniger. Für sie hatten diese Entwicklungen eine tiefe spirituelle Dimension: Gott spricht auch durch „die Umstände", er ist es, der die Horizonte weitet. Chiara erzählt:

Anfangs dachten wir überhaupt nicht an die Ökumene. Jahrelang glaubten wir, dieses Charisma sei ausschließlich für die Katholiken bestimmt. 1950 stellte mir ein Jesuitenpater, der die Bewegung kennenlernen wollte, die Frage: „Sie haben doch die Ökumene vor Augen?" Ich antwortete ganz entschieden mit Nein ... Im Allgemeinen lassen uns die Umstände erkennen, was Gott will. So war es auch im Januar 1961 – noch vor dem Konzil also –, als ich nach Deutschland eingeladen wurde und dort mit einigen evangelischen Pastoren zusammentraf. Sie wunderten sich, dass wir das Wort Gottes so hervorhoben. Das überzeugte sie, und so begann ein echter Dialog der Liebe.

Aus einer Rede anlässlich der Verleihung einer Ehrendoktorwürde, Lublin, 19.6.1996, zit. nach Impulse mit Breitenwirkung, 15

Es ist bezeichnend, dass die moderne ökumenische Bewegung einem missionarischen Bedürfnis entsprang: In den ersten Jahrzehnten des 20. Jahrhunderts merkten Missionare verschiedener Kirchen, wie sehr die Spaltung der Christenheit dem Zeugnis schadet. 1948 wurde der Ökumenische Rat der Kirchen („Weltkirchenrat") gegründet; in jenen Jahren entstanden zudem Bewegungen und Gemeinschaften, denen die Einheit wichtig war, zum Beispiel die Gemeinschaft von Taizé, der Casteller Ring und die Christusbruderschaft Selbitz, und eben auch die Fokolar-Bewegung. Begegnungen von Chiara mit evangelischen Christen Anfang der 1960er-Jahre führten 1967/68 zur Gründung des Ökumenischen Lebenszentrums in Ottmaring bei Augsburg.[55] Es ergaben sich Kontakte mit Persönlichkeiten anderer Kirchen, etwa mit dem Patriarchen Athenagoras I. von Konstantinopel, mit anglikanischen Erzbischöfen von Canterbury, mit Frère Roger Schutz, mit Vertretern des ÖRK, so mit Generalsekretär Visser't Hooft, Philip Potter, Lukas Vischer, später auch mit Christian Krause, der am 31. Oktober 1999 für den Lutherischen Weltbund die Gemeinsame Erklärung zur Rechtfertigungslehre unterzeichnete.[56] Ein anschließendes Treffen von Chiara mit evangelischen und katholischen Verantwortlichen von Bewegungen und Gemeinschaften wurde zum Startpunkt der Initiative „Miteinander für Europa", die als beeindruckendes Zeugnis der Einheit in der Vielfalt der Charismen gelten darf.[57] Chiara warb immer wieder für eine lebendige gegenseitige Liebe auch *zwischen den Kirchen*. Im Fehlen solcher Liebe sah sie eine der

---

55 Zu Vorgeschichte und Entwicklung vgl.: Ökumenisches Lebenszentrum Ottmaring, hg. von Michael Decker und Severin Schmid, München 2008.

56 Vgl. hierzu auch: Dieter Rammler, Christian Krause. Weite wagen, München 2023, 234-244.

57 Vgl. Aretz (Hg.), 55. Schon 1988 hatte Chiara Lubich für ihr ökumenisches Engagement den Augsburger Friedenspreis („Preis Augsburger Hohes Friedensfest") erhalten. Bei der *Zweiten Europäischen Ökumenischen Versammlung* 1997 in Graz hielt sie, um nur ein Beispiel herauszugreifen, eines der Hauptreferate.

Ursachen für die schmerzliche Gespaltenheit der Christenheit, die das Zeugnis für Christus verdunkelt, wie sie in einem inständigen Gebet formulierte:

Viele Menschen kommen nicht zum Glauben an dich, weil uns Christen das Merkmal fehlt, das uns als deine Jünger auszeichnen müsste: die gegenseitige Liebe. Schau auf unsere armselige Liebe zu dir, auf unseren Wunsch, es möge anders werden, auf unseren Willen zu handeln, und führe alles zum Guten ...

Sehnsucht, 289

Die Christen der verschiedenen Kirchen sind zusammen mehr als eine Milliarde – man müsste uns eigentlich bemerken. Doch wir sind so gespalten, dass viele uns überhaupt nicht wahrnehmen, geschweige denn durch uns Jesus entdecken ... Wie oft scheinen die Kirchen das Vermächtnis Jesu vergessen zu haben! Wie oft haben sie durch ihre Spaltungen der Welt, die sie doch für ihn gewinnen sollten, Ärgernis gegeben. Und tatsächlich, wenn wir auf unsere 2000-jährige Geschichte zurückblicken, müssen wir feststellen, dass sie vielfach eine Aufeinanderfolge von Meinungsverschiedenheiten, Streit und Auseinandersetzungen unter den Christen war, insbesondere im zweiten Jahrtausend. Der ohne Naht gewebte Leibrock Christi, der seine Kirche ist, wurde an vielen Stellen zerrissen. Sicher spielten dabei auch geschichtliche, kulturelle, politische, geografische und soziale Faktoren eine Rolle. Aber es liegt auch daran, dass unter den Christen ein für sie typisches, einendes Element verloren gegangen ist: die Liebe.

Wenn wir heute versuchen wollen, dieses Übel zu beseitigen, wenn wir Kraft finden wollen für einen Neuanfang, müssen wir unser ganzes Vertrauen in diese evangeliumsgemäße Liebe setzen ... und die gegenseitige Liebe unter den Kirchen fördern; jene Liebe, die dazu führt, dass bei aller Verschiedenheit jede Kirche Geschenk für die anderen wird. Papst Johannes Paul II. schrieb: „Das Menschengeschlecht muss durch die Pluralität zur Einheit gelangen ..."[58] Unsere Zeit verlangt von jedem von uns Liebe, Einheit, Gemeinschaft, Solidarität. Und auch die Kirchen sind aufgerufen, die seit Jahrhunderten zerstörte Einheit wiederherzustellen. Das ist die Reform, die der Himmel von uns will. Und es ist der erste und notwendige Schritt in Richtung einer weltweiten Geschwisterlichkeit. Die Welt wird glauben, wenn wir eins sind ... Gott will es ganz bestimmt! Er sagt es uns immer wieder – leise und laut – durch die Ereignisse der Gegenwart, die er zulässt. Möge er uns die Gnade schenken, dies alles – wenn wir es schon nicht verwirklicht sehen werden – wenigstens vorzubereiten. Kathedrale St. Pierre/Genf, 27.10.2002, in: Wo Einheit wächst, 41-43

---

58 Johannes Paul II., Die Schwelle der Hoffnung überschreiten, Hamburg 1994, 180.

Das, was uns vor der Welt von anderen unterscheiden müsste, sind nicht so sehr unser Gebet, die Buße, die Zeremonien, das Fasten, die Nachtwachen, das moralische Verhalten usw., sondern die gegenseitige Liebe, unsere Einheit. Jesus hat es gesagt: „Daran werden alle erkennen, dass ihr meine Jünger seid: wenn ihr einander liebt" (Johannes 13,35) und „Alle sollen eins sein, damit die Welt glaubt" (Johannes 17,21). Eins sein. Und die Einheit der Christen haben wir noch nicht und können sie nicht zeigen ... Im Warten darauf, dass seine eine Kirche in die Welt ausstrahlt, können wir uns – wenn wir einander lieben, indem wir die Einheit, wie sie bereits jetzt möglich ist, verwirklichen – in gewisser Weise der Welt doch schon als eine einzige Wirklichkeit zeigen, fast wie die Seele der Kirche, wie sie sein wird.

St. Matthäuskirche, München, 8.12.1991, in: Wo Einheit wächst, 91

Interreligiös

In einer globalisierten Welt voller Konflikte und Spannungen ist der interreligiöse Dialog wichtiger denn je. Margaret Karram, in Haifa/Israel geborene katholische Araberin, 2021 zur Präsidentin der Fokolar-Bewegung gewählt, sieht „die Aktualität, aber auch die Herausforderung heutiger Verkündigung" nicht zuletzt „im Bezeugen des Glaubens und in gelebter Geschwisterlichkeit im Dialog mit jahrtausendealten Religionen und Traditionen" (Ann. 7). Mehr denn je braucht es Brücken zwischen den Religionen, im Dialog wie in gemeinsamem Handeln. Illusionen sind dabei ebenso wenig angebracht wie eine Haltung der Abschottung.

Mit dem Zweiten Vatikanischen Konzil hat sich die katholische Kirche dem interreligiösen Dialog geöffnet. Die Anerkennung der Religionsfreiheit als Menschenrecht war ein überfälliger Meilenstein. Im 19. Jahrhundert noch dezidiert abgelehnt, wurde sie mit der Konzilserklärung *Dignitatis humanae* offiziell und unmissverständlich anerkannt (DH 2), ohne damit den Wahrheitsanspruch des eigenen Glaubens infrage zu stellen. Christen sollten allen Menschen „in Achtung und Liebe verbunden" und „auch mit ihren nationalen und religiösen Traditionen vertraut" sein, „mit Freude und Ehrfurcht ... die Saatkörner des Wortes aufspüren, die in ihnen verborgen sind" und „in aufrichtigem und geduldigem Zwiegespräch ... lernen, was für Reichtümer der freigebige Gott unter den Völkern verteilt hat; zugleich aber sollen sie sich bemühen, diese Reichtümer durch das Licht des Evangeliums zu erhellen und zu befreien" (AG 11).

Als bahnbrechend darf das interreligiöse Engagement von Johannes Paul II. angesehen werden.[59] Unvergessen seine Worte am Ende des dritten interreligiösen Friedensgipfels in Assisi (24.1.2002): „Nie wieder Gewalt! Nie wieder Krieg! Nie wieder Terrorismus! Im Namen Gottes bringe jede Religion der Welt Gerechtigkeit und Frieden, Vergebung und Leben, Liebe!" Dass Verkündigung und Dialog zusammengehören, stand für ihn dabei außer Frage. Sie müssen keineswegs im Widerspruch zueinander stehen, wie auch Chiara aus eigener Erfahrung bestätigt:

Manchmal wird im Hinblick auf den interreligiösen Dialog auf die Spannung zwischen Verkündigung und Dialog hingewiesen. Man sieht hier einen Gegensatz, der beides als unvereinbar erscheinen lässt, und möchte die Mission der Kirche auf

---

59 Vgl. die umfangreiche Dokumentation: Johannes Paul II., Versöhnung zwischen den Welten. Im Gespräch mit den Religionen. Hg. und eingeleitet von Matthias Kopp, München 2004. Das folgende Zitat ebd., S. 230.

das eine oder das andere begrenzen. Aufgrund meiner persönlichen Erfahrung und derjenigen unserer Bewegung bin ich überzeugt ...: Unsere christliche Botschaft trifft auf offene Ohren und kann Frucht bringen, wenn ein echter Dialog stattfindet und das Zeugnis eines persönlichen und gemeinschaftlichen Lebens vorausgeht, das von den Werten des Evangeliums geprägt ist. Lublin, 19.6.1996, zit. nach Impulse, 18f

Wie bei ihren ökumenischen Kontakten, waren es wieder äußere Umstände, die Chiara dazu bewogen, sich im interreligiösen Dialog zu engagieren. Für sie war es wie ein Fingerzeig von oben, als sie 1977 bei der Verleihung des „Templeton-Preises für den Fortschritt der Religionen" mit Vertretern anderer Religionen in Kontakt kam und sich ein weiterer Horizont auftat:

Wir sollen nicht nur ... versuchen, unsere Spiritualität, unsere Liebe und unser Leben in die anderen christlichen Kirchen einzubringen; wir sollen uns entschieden auf den Weg machen zu unseren Schwestern und Brüdern in den anderen Religionen." Chiara Lubich, Gespräche mit der Gründerin. 26

Begegnungen mit Angehörigen anderer Religionen boten ihr Gelegenheit, von ihrer Erfahrung und ihrem „Ideal" zu sprechen, wiederum in der Haltung des „Sich-Einsmachens":

Es hat sich ... in unserer Bewegung auch der Dialog mit Gläubigen anderer Religionen entwickelt, mit Juden, Muslimen, Buddhisten, Shintoisten, Taoisten, Sikhs, Zoroastriern, Bahaí, Jainisten, Anhängern von Naturreligionen …[60] Es ist ein Dialog in der Haltung des „Sich-Einsmachens". Sie beinhaltet nicht nur Wohlwollen, Offenheit, Achtung und Wertschätzung; es ist vielmehr eine Praxis, die verlangt, dass wir uns selbst zurücknehmen, um uns in die anderen hineinversetzen und sie verstehen zu können. Wie jemand schrieb: „Die Religion des anderen kennen bedeutet, in die Haut des anderen schlüpfen, die Welt mit seinen Augen sehen, eindringen in das, was es für den anderen bedeutet, Hindu, Muslim, Jude oder Buddhist zu sein" (F. Whaling). Aus einer Rede anlässlich der Verleihung einer Ehrendoktorwürde, Lublin, 19.6.1996, zit. nach Impulse mit Breitenwirkung, 16f

Ein Vorbild solcher Offenheit war für Chiara Mutter Teresa:

Mutter Teresa war eine Meisterin in der „Kunst zu lieben". Sie hat alle geliebt: *Sie fragte ihre Nächsten nicht, ob sie Katholiken, Hindus oder Muslime seien. Sie sah immer den Menschen vor sich mit der ihm eigenen Würde.* Man kann sagen, dass Mutter Teresa „als Erste" geliebt hat; sie hat die Initiative ergriffen, ist durch die Straßen gegangen, um zu sehen, wer Hilfe brauchte … Wie vielleicht niemand

---

60 Als Beispiele seien genannt: Begegnungen mit Buddhisten in Japan (1981), mit Juden in Rom (1996) und Buenos Aires (1998) sowie mit afroamerikanischen Muslimen in New York (1997), wo Chiara als erste weiße Frau in der Malcolm-Shabazz-Moschee sprach (unten S. 181, vgl. auch Aretz [Hg.], 56f), ferner die Mitwirkung an interreligiösen Gebetstreffen auf internationaler wie regionaler Ebene u. a. m.

sonst hat sie in jedem Menschen Christus erkannt, der gesagt hat: „Was ihr einem meiner geringsten Brüder getan habt, das habt ihr mir getan" ... Mutter Teresa hat sich mit allen „einsgemacht". Sehnsucht, 279

Durch die Begegnung mit Gläubigen anderer Religionen erlebte Chiara, wie Gottes Geist überall am Werk ist; überall finden sich „Saatkörner des Wortes". In einer Rede im Aachener Dom nannte sie einige Beispiele:

Auch in anderen Religionen und Kulturen gibt es die *Goldene Regel*, die bei uns Christen lautet: „Was ihr von anderen erwartet, das tut auch ihnen" (Lukas 6,31).

Im Judentum und in der reichen rabbinischen Tradition ist die Liebe zum Nächsten „das große Prinzip der Tora" (Rabbi Akiba). Denn Gott hat den Menschen als sein Abbild geschaffen, und somit gilt das, was man irgendeinem Menschen tut, als hätte man es Gott selbst getan.

In der islamischen Tradition finden wir eine „Goldene Regel", die sogar das innere Leben des Menschen betrifft: „Keiner von euch kann sich wirklich als gläubig erachten, wenn er für seinen Nächsten nicht das Gleiche wünscht wie für sich selbst" (Hadith 13, nach Al-Bukhari).

Im Hinduismus wird die „Goldene Regel" so ausgedrückt: „Das ist deine erste Pflicht: den anderen nicht das antun, was dir weh tun würde" (Mahabharata). Wie sollten wir uns nicht an die bewegende Äußerung Gandhis erinnern: „Du und ich, wir sind eins. Ich kann dir nicht weh tun, ohne mich selbst zu verletzen"?! Vortrag im Aachener Dom, 13.11.1998, in: „Die Trennungen überwinden" (Fokolar-Bewegung – Dokumente 6), 11f

Dem anderen nicht weh tun, das heißt auch: Respekt haben vor dem, was ihm wichtig, was ihm heilig ist. Wo diese Haltung gegenseitig wird, werden Begegnungen möglich, die man lange für unmöglich erachtete. So jene mit afroamerikanischen Muslimen in der Moschee „Malcolm Shabazz" in Harlem/New York am 18. Mai 1997, wo Chiara auf Einladung von Imam W. D. Mohammed eine Rede hielt – selbstverständlich mit Kopftuch. Zunächst sprach sie über das notwendige „Streben nach Einheit". Was sie dann sagte, ist ein weiteres Beispiel dafür, wie Dialog und Zeugnis zusammengehen können:

Da ich …, wie Sie wissen, Christin, katholische Christin bin, kann ich nur dann in rechter Weise über die Einheit sprechen, wenn ich Ihnen – wenigstens im ersten Teil meines Vortrags – kurz einige Aspekte des christlichen Lebens aufzeige. Dazu veranlasst mich die Aufrichtigkeit, und ich bin sicher, dass Sie das recht verstehen …

Bemerkenswert ist auch, wie sie den Beginn des interreligiösen Dialogs anlässlich der Verleihung des Templeton-Preises schildert: als eine Erfahrung einer besonderen Präsenz Gottes:

Während meiner Rede vor einem großen Publikum von Menschen verschiedenster Religionen … hatte ich den Eindruck, als wären all diese

Menschen von Gott umfangen, und die Gewissheit einer ganz besonderen Präsenz Gottes erfüllte mich. Mir wurde klar: Gott wollte von uns, dass wir mit ihnen allen Kontakt aufnähmen. So begannen unsere Dialoge: der Dialog der Liebe, des Lebens und des Gebetes mit Gläubigen anderer Religionen, vor allem mit Juden und Muslimen, mit denen uns der Glaube an den einen Gott verbindet.

Da sich die Bewegung in der ganzen Welt verbreitete, gab es überall Menschen, die im Bewusstsein lebten: Wo immer eine Synagoge, eine Moschee, ein Tempel steht, dort ist unser Platz. Wir waren überzeugt, dass wir berufen sind, gemeinsam auch mit den Angehörigen anderer Religionen zur Verwirklichung der universalen Geschwisterlichkeit beizutragen ... „Bei den Muslimen in Harlem" (Fokolar-Bewegung – Dokumente 3), S. 4, 11

Maria, die Mutter Jesu, die religionsübergreifend vielen Menschen wichtig ist, kann nach Chiara eine Brückenfunktion im interreligiösen Dialog haben:

Maria ist Jüdin, eine jüdische Mutter, und ihre jüdischen Wurzeln werden heute wieder von jüdischen Gelehrten ins Licht gerückt.

Mehr noch als Jesus ist Maria im Koran gegenwärtig, der sie 34-mal nennt. Für Mohammed gehört sie zu den großen Auserwählten Gottes. Maria ist also für die Muslime auch Muslimin, ein Vorbild im Glauben ...

Man wird auch davon berührt, wie der Buddhismus sich Maria nähert ... Sie ist, wie der Religionswissenschaftler D. W. Mitchell ausführt, jene Leere, jener grenzenlose Schoß, der das höchste Mitgefühl für jedes lebende Wesen in sich birgt ...

Klaus Hemmerle sagte: „Da Gott den Geist unbegrenzt gibt, braucht es, um ihn aufzunehmen, eine grenzenlose, unendliche Leere." Vielleicht liegt hierin das Geheimnis und die wahre Bedeutung des interreligiösen Dialogs: in dieser Aufnahme, in diesem Leer-Sein aus Liebe ...   Ebd., 14f

Mit Menschen ohne religiöses Credo

Bei einer Begegnung mit Menschen verschiedener Weltanschauungen, zumeist ohne religiöses Credo, bekannte Chiara, dass der Beginn dieses Dialogs für sie geradezu ein Impuls des Gottesgeistes war: „Er war es, der uns auf diesen Weg geführt hat." Gottes Menschwerdung in Jesus zeige die hohe Wertschätzung des Menschlichen. Gerade humanistisch gesinnte Menschen könnten die Christen immer wieder daran erinnern, wie sie in ihrem Vortrag zu den Anwesenden sagte:

Man ist kein Christ, wenn man nicht menschlich ist. Die Gnade Gottes, die uns zu Christen macht, verdrängt nicht die Natur, sondern erhebt sie. Wir haben gespürt, dass diejenigen, die den Menschen wertschätzen und die menschlichen Werte hochhalten, enorm wichtig sind. Nicht nur das: Ihre Anwesenheit in der Bewegung ist nützlich, ist ein

Korrektiv für jemanden, der versucht sein sollte, sein Leben auf geistliche Dinge zu beschränken. Bei Ihnen besteht diese Gefahr nicht: *Sie* stehen mit beiden Beinen auf dem Boden. Castel Gandolfo, 8.2.1998, in: Ann, 235

In etlichen Dialoggruppen haben sich Menschen ohne konkreten religiösen Bezug zusammengefunden, um sich für eine universale Geschwisterlichkeit einzusetzen, das Zeitgeschehen oder Themen wie „Säkularismus und Glaube" zu reflektieren. Auch in sozialen und kulturellen Initiativen oder bei Solidaritätsaktionen gibt es eine fruchtbare Zusammenarbeit (vgl. Ann, 95f).

„Gottes Liebe ist für jeden Menschen gleich ... Und wenn er Atheist ist, ist es die gleiche Liebe. Wenn der jüngste Tag kommt, werden wir viele Überraschungen erleben!" Papst Franziskus, Fratelli tutti, 281

„Dialog mit der zeitgenössischen Kultur"

Schon Papst Paul VI. sah im „Bruch zwischen Evangelium und Kultur ... das Drama unserer Zeitepoche". Man müsse „alle Anstrengungen unternehmen, um die Kultur, genauer die Kulturen, auf mutige Weise zu evangelisieren. Sie müssen durch die Begegnung mit der Frohbotschaft von innen her erneuert werden" (Evangelii nuntiando, 20). Wenn die Frohe Botschaft als Licht auch für die „irdischen Wirklichkeiten" gesehen wird, ist selbstverständlich doch berechtigte Autonomie zu wahren: Die „geschaffenen Dinge und auch die Gesellschaften [haben] ihre eigenen Gesetze und Werte", so das Zweite Vatikanische Konzil; dies sei „nicht nur eine Forderung der Menschen unserer Zeit, sondern entspricht auch dem Willen des Schöpfers" (Gaudium et Spes, 36). Einen „Fall Galileo Galilei" darf es nicht mehr geben: Die Naturwissenschaft muss frei sein, festzustellen, dass sich die

Erde dreht, um ein klassisches Beispiel zu nennen. Freilich: Voraussetzungslos ist keine Wissenschaft. Forschungsschwerpunkte und -ziele, auch ethische Kriterien sind von Interessen, von Welt- und Menschenbildern beeinflusst. Dass eine Begegnung mit dem Licht des Evangeliums, wie es sich ihr erschlossen hatte, fruchtbar sein könnte, hat Chiara schon in den 1940er-Jahren erahnt: Es könne einen „tiefgreifenden Wandel" bringen – „in der Politik und in der Kunst, im Schulwesen, in der Arbeitswelt, im privaten Leben, in der Freizeit, in allem" (vgl. S. 95, 215). Umgekehrt wird alle theologische Reflexion mehr denn je Erkenntnisse der Wissenschaft, auch der Humanwissenschaften, ernst nehmen müssen.[61]

1990 betraute Chiara eine Studiengruppe von Spezialisten unterschiedlicher Fachrichtungen, die sogenannte „Scuola Abba", mit der Aufgabe, die Relevanz des „Charismas der Einheit" für verschiedene Lebens- und Wissenschaftsbereiche zu erhellen und dabei möglichst auch interdisziplinär zusammenzuarbeiten: ein wichtiger Aspekt in einer Zeit zunehmender Fragmentierungen und Spezialisierungen. Eine solche Haltung der Offenheit füreinander kommt dem wissenschaftlichen Arbeiten selbst zugute, wie es sich auch im universitären Institut *Sophia* in Loppiano mit Studierenden verschiedener Nationen bestätigt. Auch sind weltweit etliche Initiativen entstanden mit dem Anliegen, eine „Kultur der Einheit in Verschiedenheit" zu fördern, die „den Menschen in seiner Würde, seiner Beziehungsfähigkeit und in seiner Offenheit für Transzendenz in den Mittelpunkt der kulturellen Interessen" stellt.[62] Das zugrundeliegende Anliegen brachte Chiara bei der Gründung des „Forums Politik und Geschwisterlichkeit" im Jahr 2000 exemplarisch auf die einfache Formel: den Menschen „nach und nach mehr Liebe zu schenken" und dabei die jeweilige Fachkompetenz fruchtbar werden zu lassen:

---

61 Vgl. S. 14, Anm. 6.
62 Renata Simon/Fabio Ciardi in: Ann, 98.

Der Welt der Politik haben wir immer ein besonderes Interesse entgegengebracht, weil sie uns die Möglichkeit bietet, dem Nächsten nach und nach mehr Liebe zu schenken: von der zwischenmenschlichen Beziehung bis hin zu einer größeren Liebe für die Stadt.[63]

„Die Verkündigung an die Welt der Kultur schließt auch eine Verkündigung an die beruflichen, wissenschaftlichen und akademischen Kulturen ein. Es geht um die Begegnung zwischen dem Glauben, der Vernunft und den Wissenschaften ... Wenn einige Kategorien der Vernunft und der Wissenschaften in die Verkündigung der Botschaft aufgenommen werden, dann werden ebendiese Kategorien Werkzeuge der Evangelisierung; es ist das in Wein verwandelte Wasser. Wenn dies einmal aufgenommen ist, wird es nicht nur erlöst, sondern bildet ein Werkzeug des Geistes, um die Welt zu erleuchten und zu erneuern."

Papst Franziskus, Evangelium gaudium, 132

63　Zit. nach: Enzo Maria Fondi/Michele Zanzucchi, Un popolo nato del Vangelo. Chiara Lubich e i focolari, Torino 2003, S. 523. Zum Ganzen vgl. auch: Aretz (Hg.), 58-60., .

Stichwort Übersetzung und Inkulturation

Das Thema Inkulturation bewegt die Christen von Anfang an. Sehr bald fand „der neue Weg" Eingang in andere Kulturräume: über Syrien, Kleinasien, Griechenland bis nach Rom. Lukas erzählt davon in der Apostelgeschichte; Paulus gibt in seinen Briefen ein Zeugnis aus erster Hand. Die Evangelien sind selbst ein Beispiel für das Bemühen, die Botschaft für die Adressaten verständlich zu formulieren: Verschriftlicht haben wir die eine Botschaft in verschiedenen Fassungen.

Der Eintritt in die hellenistische Welt war eine große Herausforderung: Was aus der jüdischen Tradition, der Jesus selbst entstammte, war zu bewahren, was nicht? Das griechische Denken war in vielem ganz anders als das jüdisch-semitische ... *Jede* Begegnung mit neuen Kulturen, räumlich wie durch die Zeiten, verlangt eine „Inkulturation". Zudem leben Menschen auch in ein und demselben Land in unterschiedlichen Lebenswelten, Milieus. Es gibt nicht die italienische oder die deutschsprachige Kultur etc. Wie anders ist die Jugendkultur – und die hat nochmals sehr verschiedene Ausprägungen, ist in permanentem Wandel.

Exemplarisch für Chiaras Flexibilität ist die Art und Weise, wie sie sich Ende der 1960er- und Anfang der 1970er-Jahre an die jungen Generationen gewandt hat: mit einer Sprache, die die Begrifflichkeit und Anliegen der 68er-Bewegung aufgriff und in einen christlichen Horizont bettete. Chiara sprach von einer „Revolution", aber einer „Revolution der Liebe"; von Gerechtigkeit, Gütergemeinschaft und Gleichheit – als Kinder Gottes. Während die traditionelle christliche Verkündigung vielen als stabilisierender Faktor überkommener Macht- und Gesellschaftsstrukturen erschien, machte Chiara auf das weltverändernde Potenzial eines gelebten Christentums aufmerksam.

Sprache und Denkweisen, aber auch die großen Themen sind heute wieder andere. Beispielhaft aber bleiben Chiaras Mut, sich um eine Sprache zu bemühen, die von den Adressaten verstanden wird, sowie ihr Sinn für die „Zeichen der Zeit", der Wunsch, sie im Licht des Evangeliums zu deuten und entsprechend zu agieren. Ein museales Verständnis der christlichen Botschaft wäre ein absurder Selbstwiderspruch. – Hier eine Kostprobe einer nur aus der Zeit heraus verständlichen Begrifflichkeit, mit der sich Chiara damals an die Gen (New Generation) wandte, ein Passus, der in ein Bibelzitat mündet:

Jetzt geht unser Abenteuer los: dem zu folgen, der gekommen ist, eine Revolution zu bringen, um die Welt zu verändern. Wir, seine Partisanen, sind von ihm gerufen, das Gesicht dieser Erde zu verändern, eine tiefe Erneuerung der Gesellschaft zu erreichen … Er hat uns gerufen, in möglichst vielen Menschen – bei uns angefangen – die Liebe lebendig werden und unter uns allen kreisen zu lassen: „Ich bin gekommen, um Feuer auf die Erde zu werfen. Wie froh wäre ich, es würde schon brennen!" (Lukas 12,49).   An die Gen, ²1977

Auch der Begriff „universale Geschwisterlichkeit" ist eine Art säkularer Übersetzung, um das Herzensanliegen, dass alle eins seien, möglichst vielen nahezubringen. Ein anderes Beispiel: In ihrer Rede bei einem Symposium am Sitz der Vereinten Nationen in New York (28. Mai 1997) sagte Chiara vor den Anwesenden aus verschiedenen Kulturen und Religionen unter anderem:

Die „Kunst zu lieben" hat ihren Ursprung im Evangelium. Sie besteht darin, dass wir alle lieben, alle ohne Ausnahme … In dem Ihnen geläufigen Sprachgebrauch könnte man sagen: Diese Liebe kennt keinerlei Form von Diskriminierung.

„Auf dem Weg zur Einheit der Völker" (Neue Stadt-Dokumentation 4), 8

Eine verständliche Sprache suchen heißt nicht, das genuin Christliche zu verleugnen oder auszublenden: Dieses ist ein Geschenk, das die tiefsten menschlichen Werte zu tragen und ihnen eine neue Dimension zu geben vermag. Die Dankbarkeit dafür kann umso mehr dazu ermutigen, in humanitären Anliegen zusammenzuarbeiten. Gerade der Glaube stellt den Wert und die Größe des Menschen vor Augen:

Die Größe des Menschen zeigt sich darin, dass der Sohn Gottes für uns starb. Sprechen wir ruhig von Humanismus, aber geben wir diesem Wort seinen ganzen christlichen Gehalt ... Denn niemand hat jemals dem Menschen einen solchen Wert beigemessen: Gott hat uns so sehr geliebt, dass er seinen Sohn sandte, der für uns gestorben ist. Noch lieber, als über den christlichen Humanismus zu reflektieren, denke ich einfach daran, dass Jesus für mich gestorben ist. Wie sollten wir da nicht glücklich sein, uns nicht am Leben freuen, ihm nicht all unser Leid anbieten? AB, 125

„Es ist nicht unsere Sache, den Tag vorauszusagen – aber der Tag wird kommen –, an dem wieder Menschen berufen werden, das Wort Gottes so auszusprechen, dass sich die Welt darunter verändert und erneuert. Es wird eine neue Sprache sein, vielleicht ganz unreligiös, aber befreiend und erlösend, wie die Sprache Jesu ..."
Dietrich Bonhoeffer (an seinen Patensohn, DBW 8, 428-436)

Einen Schlüssel für jede Inkulturation sieht Chiara im „Sich-Einsmachen". Bei einem Besuch in Kenia 1992 führte sie aus:

Das „Sich-Einsmachen", das die Inkulturation erfordert, ist ein Eindringen in die Seele, in die Kultur, in die Mentalität, in die Tradition, ein Eindringen in die Bräuche; es bedeutet, diese zu verstehen und die „Saatkörner des Wortes" hervortreten zu lassen. Ann, 102

In einer Ansprache in der Basilika von Guadalupe/Mexico City am 7. Juni 1997 knüpfte Chiara an die dortige Verehrung der „Muttergottes von Guadalupe" an, die auf eine Erscheinung Marias zurückgeht. Maria, so die Überlieferung, hatte sich in einer Weise gezeigt, die Chiara zu grundsätzlichen Ausführungen über die Inkulturation veranlasste:

Maria, die Muttergottes von Guadalupe, ist wirklich die Mutter der wahren Liebe, die Mutter des Sich-Einsmachens. Die Muttergottes von Guadalupe ist ein außergewöhnliches, herrliches Beispiel der Inkulturation, das sie gerade durch die Art ihrer Erscheinung gab. Sie ist nicht hellhäutig, wie man sich Maria von Nazareth vorstellt; ihre Züge sind weder die einer Weißen noch einer Eingeborenen. Sie ist Mestizin und predigt so allen die Notwendigkeit, nie die Gegensätze aufeinanderprallen zu lassen, sondern immer miteinander eins zu werden. Sie weist auf ihre göttliche Mutterschaft hin, deren Symbol die dunklen Bänder auf ihrer Brust sind, wie sie bei den Azteken üblich sind ... Sie trägt außer den schwarzen Bändern ein kleines Indiokreuz, Ausdruck dafür, dass Christus, den Maria in ihrem Schoß trägt, Zentrum des Universums ist. Dazu kommt allerdings ein kleines, auf einer Brosche an ihrem Halsausschnitt eingraviertes, christliches Kreuz ... Wir könnten noch weitermachen ... Und Sie als Mexikaner hätten uns dazu viel zu sagen. Was ich angedeutet habe, scheint mir genug, damit wir etwas ganz Wichtiges verstehen: Inkulturation bedeutet nicht nur, sich geistigerweise mit einem anderen Volk einzumachen, in ihm vielleicht die „Saatkörner des Wortes" zu entdecken und zu verstärken. Auch *wir* sollen in Demut und Anerkennung das übernehmen, was uns die Kultur unserer Brüder und Schwestern an Gültigem anbietet.

Inkulturation verlangt einen *Austausch* der Gaben. Das will uns die Muttergottes von Guadalupe sagen. Nur so wird das Evangelium tief in die Seele der Menschen eindringen und dort seine Revolution bewirken, mit allen Konsequenzen. Ann, 245-247

Bereits 1960 hatte Chiara die Bedeutung der *Universalität* nachdrücklich herausgestellt:

Unsere Bewegung wäre ein geschlossener Zirkel, wenn wir nicht eine Einheit hätten, die die Universalität in sich trägt. Wenn unsere Einheit nicht von solcher Universalität getragen ist, ist unsere Einheit verkehrt. Wenn wir unser Herz nicht auf die ganze Menschheit ausweiten, wie es die Kirche wünscht, wie es Jesus wünschte, ist unsere Einheit nicht echt.

12. Juni 1960, zit. in: Ann, 103

„Es ist Verschleierung der fundamentalen Situation des Christentums, wenn eine Epoche sich als christlich geriert, wenn Kirche wähnt, für die Gesellschaft und alle Bereiche ihres Lebens All- und Alleinzuständigkeit zu besitzen. ... Die Fixierung des Gestern, seines Glanzes, seiner Geltung, seiner Gestalt vermag das Gestern nicht einzuholen, sondern verfehlt gerade jenes, was vom Gestern ins Heute zu übersetzen ist, indem dieses Gestern im Heute steril gemacht und so zur abseitigen und abartigen Gestalt am Rand des Heute degradiert wird. ... Ort und Perspektive des Zeugnisses definieren sich durch die Situation, durch die Fragen der Menschen, wo und wie sie sind. Nur so entsteht jene lebendige Spannung, die übersetzt, indem sie bewahrt, und bewahrt, indem sie übersetzt."
Klaus Hemmerle, 1973, zit. nach: ders., Kirche, 21; 25

Ein Zeugnis nicht nur der Liebe und Wahrheit, sondern auch der Schönheit geben

Mit dem Leben, mit dem Wort und mit der Kunst aller Welt zu bezeugen, dass Gott Schönheit ist und nicht nur Wahrheit und Güte, dieser Aufgabe widmet sich die Fokolar-Bewegung von Anfang an mit Leidenschaft. In: Impulse mit Breitenwirkung, 79

Jesus hatte einen ausgeprägten Sinn für das Schöne, wie sein Wort zeigt: „Lernt von den Lilien des Feldes, wie sie wachsen: Sie arbeiten nicht und spinnen nicht. Doch ich sage euch: Selbst Salomo war in all seiner Pracht nicht gekleidet wie eine von ihnen" (Matthäus 6,28f). Schönheit spricht von Gott ...

Bei einem Kongress für Kunstschaffende in Castel Gandolfo (23. April 1999) erzählte Chiara von einem persönlichen Erlebnis:

Simone Weil schreibt: „In allem, was das reine und echte Gefühl des Schönen in uns weckt, ist Gott wirklich gegenwärtig ..."[64]

Dass die Kunst uns erheben kann, erlebte ich erst kürzlich wieder; diese kleine Erfahrung möchte ich gerne weitergeben. Ich verstand dadurch mehr die Funktion der Schönheit, für die man heute so sensibel ist. Bei einer Autofahrt hörte ich das *Ave Maria* von Gounod an. Es war meisterhaft gesungen und erinnerte mich an einen hauchzarten, hier und dort ganz fein bestickten Schleier. Beim Zuhören fühlte

---

64 Simone Weil, Schwerkraft und Gnade, München 1989, 204.

ich mich innerlich erhoben, die Musik ließ mich offen werden für die Einheit mit Gott und in ihm mit Maria, die der Künstler so wunderbar besang ... Allein der Gedanke an sie und ihre Schönheit prägte mir wie ein Siegel die Worte ins Herz: „Herr, mein ganzes Glück bist du allein." ... Ja, die Schönheit Gottes ... wird die Welt retten. Das alles ging mir auf, weil ich ein Musikstück hörte ..."

In: Impulse mit Breitenwirkung, 80

Die Begebenheit ist ein Beispiel dafür, auf wie mannigfaltige Weise Gottes Geist wirkt, berührt, Neues in Gang setzen kann. Der Blick auf die Vielfalt der Gaben und der Reichtümer, die Gott ausgesät hat, ist ermutigend und weckt Zuversicht. Er selbst ist es, der sich als Güte, Wahrheit, Schönheit „zur Sprache bringt" – durch Menschen, durch „sprechende" persönliche wie gemeinsame Zeugnisse, in einem großen kulturellen wie spirituellen Reichtum.

„WIE MARIA"
ANSTELLE EINER ZUSAMMENFASSUNG

Im Johannesevangelium steht am Anfang von Jesu öffentlichem Wirken die Hochzeit zu Kana. Der Wein ist aus. Es ist Maria, Jesu Mutter, die sich an die Diener wendet: „Was er euch sagt, das tut!" Und er tut sein „erstes Zeichen". Er wandelt Wasser in Wein (vgl. Johannes 2,1-12). – Er kann auch unser Wasser in seinen Wein verwandeln. Von Maria können wir lernen: zu sehen, was fehlt, und auf *ihn* zu hören. Sie hat die unvorstellbare „Botschaft des Engels" angenommen (vgl. Lukas 1,26-38). Sie ist „die Begnadete", die so von Gott Beschenkte, dass sie Mutter Jesu, Mutter Gottes wurde und ihn „zur Welt gebracht hat". Was sie, die große Glaubende, zu geben hat, ist ihr geschenkt; nicht zuletzt darin ist sie Urbild, „Typus der Kirche".[65]

In Maria sah Chiara Lubich ihr Vorbild, in Maria sah sie ihren Ruf und ihre Sendung verkörpert. – Im Folgenden einige Gedanken und Intuitionen von ihr; unschwer lassen sich Brücken schlagen zum zuvor Gesagten – anstelle einer Zusammenfassung.

Eines Tages betrat ich eine Kirche, und voll Vertrauen wandte ich mich an Jesus: „Überall auf Erden bist du in der heiligen Eucharistie gegenwärtig geblieben. Warum hast du keinen Weg gefunden, uns auch Maria zu lassen, unser aller Mutter auf dieser Pilgerschaft?" In der Stille glaubte ich seine Antwort zu vernehmen: Ich habe sie euch nicht gelassen, weil ich sie in dir aufs Neue sehen möchte ... Du, ihr alle werdet mit der Liebe einer Mutter eure Arme und Herzen für die Menschheit öffnen. Heute wie damals sehnen sich die Menschen nach Gott

---

65   Vgl. Lumen Gentium, 63. Dort heißt es u. a., die Kirche blicke „auch in ihrem apostolischen Wirken mit Recht zu ihr auf, die Christus geboren hat ..., dass er durch die Kirche auch in den Herzen der Gläubigen geboren werde und wachse".

und nach seiner Mutter. Jetzt kommt es euch zu, Schmerzen zu lindern, Wunden zu heilen und Tränen zu trocknen …   A1, 45

Maria ist nicht zu Elisabeth gegangen, um das Magnifikat zu singen, sondern um ihr zu helfen. So sollen auch wir nicht zu den anderen gehen, um vor ihnen die Schätze des Christentums auszubreiten, die wir im Herzen haben, sondern um ihren Schmerz und Kummer mitzutragen und ihre Freude zu teilen.   A1, 239

Maria machte sich „eilends" auf, so erzählt das Evangelium (vgl. Lukas 1,39) – sie, die selbst ein Kind erwartete … Das Erste, was ein Mensch tut, wenn er die Liebe Gottes auf neue Weise erfahren hat, ist, dass er zu lieben beginnt … – Auch ein Christ trägt ja Christus in sich, wenn auch anders als Maria … Und Christus kann seine Anziehungskraft auf die Menschen, mit denen man in Kontakt kommt, ausüben – vielleicht ähnlich wie damals: „Als Elisabeth den Gruß Marias hörte, hüpfte das Kind in ihrem Leib" (Lukas 1,41). Sich aufmachen, um zu lieben, ist typisch für das Christentum … Sich eilends aufmachen und in Liebe das bringen, was gebraucht wird: Hilfe, Rat, Verständnis, Mitgefühl, Interesse, Geld … Jesus wird sagen: „Das hast du mir getan" (vgl. Matthäus 25,40).   Cercando, 113f

Wie schön ist Maria in ihrer beständigen Sammlung, in der das Evangelium sie uns zeigt: „Sie bewahrte alles, was geschehen war, in ihrem Herzen" (Lukas 2,51). Dieses erfüllte Schweigen hat etwas Faszinierendes für den, der liebt. Doch wie können wir Maria darin nachahmen, wenn wir berufen sind, auch das Wort zu ergreifen, um das Evangelium zu verkünden …? – Auch Maria hat gesprochen. Sie hat der Welt Jesus gegeben. Niemand war ein größerer Apostel als sie … Und sie hat geschwiegen. Sie schwieg, weil nicht beide gleichzeitig sprechen konnten. Wie ein Gemälde die Leinwand, so braucht jedes Wort das Schweigen. Maria schwieg … Auf ihrem „Nichts" sprach Jesus und sagte – sich selbst … Wie kann ich also Maria leben? Wie kann mein Leben etwas von ihrem Glanz gewinnen? – Ich versuche, selbst so still zu werden, dass auf diesem Schweigen der Geist Gottes sprechen kann. Maria. Mutter – Schwester – Vorbild, 30f

Marias „Magnifikat" ist ein Lobpreis auf Gott und seine weltverändernde Liebe:

Die Magna Charta der christlichen Soziallehre beginnt mit den Worten Marias im *Magnifikat*: „Er stürzt die Mächtigen vom Thron und erhöht die Niedrigen. Die Hungernden beschenkt er mit seinen Gaben und lässt die Reichen leer ausgehen" (Lukas 1,52f). – Die größte und umwälzendste „Revolution" ist im Evangelium begründet. Vielleicht liegt es in Gottes Plänen, dass Maria auch in unserer Zeit, die so sehr um die Lösung der sozialen Probleme ringt, uns Christen beisteht beim Aufbau einer neuen Gesellschaft, die ein Zeugnis ist für die Welt: einer Gesellschaft, in der das Magnifikat widerhallt.

Maria, Mutter – Schwester – Vorbild, 23

Der Tag, an dem die Völker das Gebot der gegenseitigen Liebe leben, wird der Beginn einer neuen Ära sein … Vielleicht erscheint das wie ein Traum. Und doch sollen die Beziehungen zwischen den Völkern von der gegenseitigen Liebe geprägt sein wie die Beziehungen unter einzelnen Menschen (das Evangelium hat eine unabänderliche Logik!) … Maria, die „Magd des Herrn", die sich ganz Gott hingegeben hat, die Mutter Jesu, weist ihren „Kindern" den Weg zur Einheit und Geschwisterlichkeit, damit es „wie im Himmel, so auf Erden" sei.

A1. 209f

Da Maria in der Kirche das Wesentliche an der Liebe zum Ausdruck bringt, nämlich das einende Element, zeigt sie der Welt die Kirche so, wie Christus sie gewollt hat und wie die Menschen sie heute erwarten: als Gemeinschaft, die von der Liebe geordnet ist. Nur wenn die Kirche diesen grundlegenden Aspekt hervorhebt, kann sie heute mit der

Welt richtig in Dialog treten. Denn diese interessiert sich weniger für die Amtskirche, aber sie ist aufgeschlossen für das Zeugnis der Liebe von Christen, die der Welt von innen her das Leben geben sollen.

AB, 12

Eine Stärkung des marianischen Profils wird dazu beitragen, dass die Kirche schöner, heiliger, dynamischer, familiärer erscheint. Es wird eine liebende, offene Kirche sein, die mehr auf die aktuellen Herausforderungen ausgerichtet ist, sei es im Blick auf die Ökumene, den interreligiösen Dialog, die Nichtglaubenden; eine Kirche mit immer Neuem, mit neuen Berufungen; eine charismatische Kirche, eine marianische Kirche, eine missionarische Kirche, die die Frohe Botschaft verbreitet.

Vortrag in London, 16.6.2004

Wie viel können wir von Maria unter dem Kreuz lernen! Sie, die „Desolata", die schmerzensreiche Mutter, hat unter dem Kreuz ihren Sohn verloren ... Müssten dann nicht auch wir bereit sein, um seinetwillen die Gaben zu verlieren, die er uns geschenkt hat? Halten wir uns also nicht damit auf, zu betrachten, was Gott uns Großes geschenkt hat, und lassen wir keinen Stolz aufkommen. In dem Maße, wie wir innerlich frei davon sind, können wir vom Geist Gottes erfüllt werden.

Die Gaben, die jemand bekommen hat, sind Talente, die es in Liebe zu entfalten gilt. Aber gegebenenfalls heißt es auch, uns davon zu lösen, um Liebe zu sein für die Menschen ... Und die Liebe denkt an den Geliebten, nicht an sich. AB, 110

Maria unter dem Kreuz ... In ihrem Herzen scheint der Schrei Jesu widerzuhallen: „Mein Gott, mein Gott, warum hast du mich verlassen?" (Markus 15,34). Die Mutter mit dem toten Sohn im Arm, das Wort, in dem alles geschaffen wurde, der Sohn Gottes ... Und noch immer glaubt sie, hofft sie, liebt sie ... Maria, die erste Christin, 22f

„Maria lehrt uns die Tugend des Wartens,
auch wenn alles sinnlos erscheint."
Papst Franziskus, Generalaudienz, 10.5.2017

„Maria und der Karsamstag: Sie leidet, aber sie ist da. Sie schaut auf die Kirche: ein paar treue Freunde, die Frauen ... – sie alle sind wie gelähmt. Maria schaut sie an, in dunklem Glauben. Und sie sagt: Bleibt ihm treu. Wartet gemeinsam."
Prosper Monier, Ostern entgegen, München 2008, 83

Maria hat der Welt Christus geschenkt. Wenn wir dem Wort Gottes im Evangelium die Möglichkeit geben, sich in uns zu entfalten, dann dringt eine andere Mentalität in uns ein ...

Wird dieses Leben gegenseitig, verwirklicht sich das „neue Gebot" Jesu: „Liebt einander! Wie ich euch geliebt habe, so sollt auch ihr einander lieben", dann ist unter uns geistigerweise Jesus gegenwärtig ... Überall können lebendige Zellen des Leibes Christi entstehen; denn wo „zwei oder drei" auf solche Weise zusammen sind, lebt Christus ... Wenn wir das Evangelium leben, das gemeinschaftsbildend ist, können wir der Welt auf geistige Weise Christus schenken, so wie Maria ihn in leiblicher Gestalt der Welt geschenkt hat.

Maria. Mutter – Schwester – Vorbild, 27f

* * *

„Was er euch sagt, das tut." (Johannes 2,5)

Ein Gedanke kommt mir immer wieder: Hinterlasse denen, die dir folgen, nur das Evangelium ... Das, was bleibt und für immer bleiben wird, ist das Evangelium, das sich nie abnützt: „Himmel und Erde werden vergehen, aber meine Worte werden nicht vergehen" (Matthäus 24,35). Sehnsucht, 309

ANHANG
WEITERE TEXTE IN AUSWAHL

EINE STADT GENÜGT NICHT
(1958)

Der folgende Text wurde als „programmatisches Manifest" bezeichnet.[66] Erstmals im August 1958 in der Zeitschrift „Cittá Nuova" publiziert, ist er eine Art idealisierter Plan, um „die Liebe Christi" in die eigene Umgebung („Stadt"), ja in die Welt zu tragen. Aus
den bildreichen, stellenweise fast ein wenig pathetisch anmuten-
den Formulierungen spricht die Ergriffenheit eines Menschen, der
selbst Feuer gefangen hat, der brennende Wunsch, dass die Liebe
geliebt werde. Unverkennbar sind autobiografische Bezüge: Chiaras Erfahrungen im Trient der 1940er-Jahre stehen im Hintergrund,
etwa ihre Besuche in den Armenvierteln und die Kontaktaufnah-
me mit dem Ortsbischof, um im Einvernehmen mit ihrer Kirche zu
agieren. Für Chiara charakteristische Motive klingen an, so die Bedeutung der gegenseitigen Liebe und des Sich-Einsmachens; eindrücklich sind auch der Glaube an die revolutionäre Kraft des gelebten Evangeliums und das Vertrauen auf den „Vater im Himmel":

Wenn du eine Stadt für die Liebe Christi erobern
und einen Ort in Reich Gottes wandeln willst,
bedenke dein Vorhaben.

Nimm dir gleichgesinnte Freunde, vereine dich mit
ihnen im Namen Christi, und bitte sie, alles hinter
Gott zurückzustellen. Dann schließe mit ihnen einen

---

66 Ann, 107.

Bund: Versprecht euch ewige und beständige Liebe, damit der, der die Welt besiegt, immer in eurer Mitte sei und euch führe ...

Dann nimm die Maße der Stadt. Suche ihr geistliches Oberhaupt, und geh mit deinen Freunden zu ihm. Leg ihm deinen Plan dar; wenn er nicht zustimmt, tu keinen Schritt; du würdest alles verderben. Wenn er dir Ratschläge und Richtlinien gibt, nimm sie an ...

Dann nimm dich der Elendsten an, der Bettler, der Verlassenen, der Waisen, der Gefangenen. Ohne dir Rast zu gönnen, eile mit den Deinen, um Christus in ihnen zu besuchen, sie zu trösten und ihnen zu zeigen, dass die Liebe Gottes ihnen immer nahe ist. Wenn einer Hunger leidet, bring ihm zu essen, und wenn er nackt ist, etwas zum Anziehen. Hast du keine Kleidung oder kein Essen, bitte vertrauensvoll den Vater im Himmel darum; denn sein Sohn Christus braucht dies, und ihm willst du in jedem Menschen dienen. Der Vater wird dich erhören.

Mit nützlichen Dingen beladen, eile durch die Straßen, steig die Treppen hinauf, in die Keller hinab, suche Christus in der Öffentlichkeit und im Verborgenen, auf Bahnhöfen, in Zügen, in Elendsvierteln, und schenke ihm vor allem die Herzlichkeit deines Lächelns.

Dann versprich ihm, dass du nie aufhören willst, ihn zu lieben, damit dort, wo du nicht hinkommen kannst, dein Gebet und dein Leiden hingelangen, vereint mit dem Opfer des Altares. Lass keinen allein, und sei nicht engherzig, wenn du etwas versprichst, denn du kommst im Namen des Allmächtigen. Während du den Herrn in den Brüdern und Schwestern erfreust, wird Gott daran denken, dich und die Deinen mit himmlischen Gaben zu beschenken.

Teilt sie einander mit, damit sich das Licht ausbreiten kann und die Liebe nicht erlischt. Wenn du entschieden handelst und deine Worte mit Weisheit gewürzt sind, werden viele dir folgen.

Teile diese Menschen in verschiedene Gruppen, damit sie Sauerteig sind in der Stadt, die du mit der Liebe durchdringen willst. Lass nicht nach. Haben die anderen dein Leben kennengelernt und mit eigenen Augen gesehen, welche Gaben dir zuteil geworden sind, und bitten sie dich zu reden, dann sprich. Was du sagst, sei getragen von dem, was du aus dem Leben gelernt hast.

Halte dich dabei an die Lehre der Kirche und an die Heilige Schrift, aus der ihr getrunken habt, du und deine Schar; sie ist die erste, sichere, unerschöpfliche und ewige Quelle. Wenn dann der Hirte spricht, werdet ihr sein lebendiges Wort sein.

Wenn du die getröstet, unterstützt, erleuchtet und glücklich gemacht hast, die am Rand der Gesellschaft lebten, dann hast du das Fundament für den Aufbau der neuen Stadt gelegt. Nun versammle die Deinen und erinnere sie an die Seligpreisungen der Bergpredigt, damit sie nie den Geist Christi verlieren und nie vergessen, was er am meisten liebt. Dann weite deinen Blick. Sag ihnen, dass jeder Nächste, reich oder arm, schön oder hässlich, klug oder nicht, Christus ist, der vorübergeht.

Eure Schar, die Schar von Jesus und Maria, stehe im Dienst des Nächsten. Jeder weine mit den Weinenden, freue sich mit den Fröhlichen, teile immerfort

Freud und Leid, welches Opfer es auch koste: Gebt niemals auf.

Begleitet eure Aktion mit dem innigsten Gebet, das aus eurer Schar in vollkommener Einheit aufsteige, damit Christus von dieser Stadt die größte Ehre empfange. Wenn der Kampf etwas kostet, wisse, dass darin das Erfolgsgeheimnis liegt und dass der, der dich drängt, mit seinem Blut bezahlt hat.

Vergib; bete für den, der schlecht von dir denkt … Wenn dich der Schmerz zerreißt, singe: „Das ist mein Geliebter, ja, das ist mein Freund" (Hoheslied 5,16), damit der Herr dir in der Todesstunde sagt: „Steh auf, meine Freundin, meine Schöne, so komm doch!" (Hoheslied 2,10).

Handle so in einer Stadt, bis zum Sieg, bis zu dem Augenblick, da das Gute das Böse überwindet und Christus durch euch aufs Neue sagen kann: „Ich habe die Welt besiegt" (Johannes 16,33).

Doch verbunden mit einem Gott, der – wenn du willst – jeden Morgen zu dir kommt, ist eine Stadt zu wenig. Er hat die Sterne geschaffen, er lenkt die Geschicke der Jahrhunderte. Stimme dich mit ihm ab und blicke weiter: auf dein Land, auf aller Vaterland: auf die Welt. Für sie sei jeder Atemzug, jede Handlung, dein Gehen und Stehen.

Im anderen Leben wirst du sehen, was am meisten zählt … Sieh zu, dass du in jener Stunde nicht bereuen musst, zu wenig geliebt zu haben. A1, 103-107

EIN BESONDERES „KIRCHBAUPROJEKT"
(1975)

Bei einem Besuch der „Modellsiedlung" Loppiano ging Chiara in einer Dialogveranstaltung (27.11.1975) auf die Bedeutung eines „Lebens mit Jesus in der Mitte" für ein zeitgemäßes missionarisches Kirche-Sein ein. Sie prägte den originellen Begriff der „chiese volanti", der sich wörtlich nicht wiedergeben lässt: ein dynamisches, nicht an feste Orte gebundenes Kirche-Sein: Überall dort, wo Menschen in gegenseitiger Liebe beisammen sind, kann „geschehen", was Tertullian so ausdrückte: „Wo drei versammelt sind, auch wenn es Laien sind, da ist die Kirche" (De exhort. cast. 7: PL 2,971), Kirche als Zeichen und Werkzeug dreifaltiger Einheit.

Er ist da. Er ist in allen, wendet sich allen zu, hilft, erleuchtet, spornt jeden und alle gemeinsam an … Und wohl am meisten hat mich, als ich mich in die Wirklichkeit seiner Gegenwart vertiefte, dabei betroffen gemacht, dass ihm bereits Weniges genügt. Zwei oder drei, in seinem Namen vereint, und wo er ist, da baut er an dem Werk, dessentwegen er auf die Erde gekommen ist: die Kirche.

Jesus in der Mitte hat in mir eine unendliche Leidenschaft erweckt, ihm Tausende, Abertausende, Millionen von Kirchen zu bauen, nicht aus Steinen, sondern aus zwei oder drei Menschen, die in seinem Namen eins sind, verstreut über die ganze Welt … Wenn Jesus in unserer Mitte lebt, kann er in die Fabriken hineinkommen, in die Schulen, überallhin – und wir wissen, dass er unter uns lebt. Der Gedanke, mit Jesus, seiner Person in unserer Mitte, eine Unmenge von Kirchen erbauen zu können, dieser Gedanke fasziniert mich heute mehr als alles.

Peter Klasvogt, Direktor des Sozialinstituts Kommende Dortmund und der Katholischen Akademie Schwerte, schreibt dazu in einem Kommentar:

„Wer von Jesus, von ihm in der Mitte berührt, von seiner Geisteskraft durchdrungen ist, kann nicht anders, als sich mit ganzer Kraft dafür einzusetzen, dass auch andere diese Wirklichkeit des anwesenden Gottes inmitten seines Volkes erleben. Das spürt man, wenn man diesen Worten von Chiara Lubich lauscht: ‚Jesus in der Mitte hat in mir eine unendliche Leidenschaft erweckt, ihm Tausende, Abertausende, Millionen von Kirchen zu bauen, nicht aus Steinen, sondern aus zwei oder drei Menschen, die in seinem Namen eins sind, verstreut über die ganze Welt ...' Dies ist zweifellos eine der ganz großen Inspirationen für unsere Zeit, eine Erkenntnis von prophetischer Kraft und ein leidenschaftliches Bekenntnis für den Gott, der unter den Menschen wohnen will. Gerade da, wo Kirche (gerade von jungen Menschen) vornehmlich als anonyme Macht und schwerfällige, unreformierbare Institution wahrgenommen wird, festgefahren und erstarrt in überkommenen und verrechtlichten Strukturen, eingezwängt in formalisierte Gottesdienstabläufe, eingemauert in einer lebensweltlich entrückten Sprache, da entfaltet diese existenzielle Sicht eine missionarische und zugleich Einheit stiftende Kraft: Kirche, nicht statisch gedacht, sondern dynamisch erlebt, absolut modern und missionarisch ausgreifend, wie es dem „Wehen des Geistes" entspricht ...

Diese Leidenschaft, ‚eine Unmenge von Kirchen zu bauen', Lichtpunkte der Einheit, wo Menschen im Geist der gegenseitigen Liebe, entsprechend dem Gebot Jesu, Jesus in ihrer Mitte selbst Raum geben, ist weit mehr als nur ein Gedanke, mehr als eine originelle Spielart der Ekklesiologie. Denn das geistige Erbe Chiara Lubichs, eine Vision von unerhörter Strahlkraft, ist vielerorts längst Realität geworden. Überall auf der Welt gibt es solche Lichtpunkte von ‚kleinen Gemeinschaften', in denen der Auferstandene lebt."

In: Aretz (Hg.), 219; 222f

Die „Aktualisierung von Kirche", wie sie hier anklingt, lenkt den Blick in eine große Weite: *„Vielleicht muss man – entsprechend einem in der Tradition gut verankerten Gedanken – damit rechnen, dass die Kirche viel weiter reicht, als es auf den ersten Blick den Anschein hat"* (Bernhard Körner, in: Aretz [Hg.], 77).

„AUFERSTEHUNG ROMS"
(Oktober 1949)

Das genaue Entstehungsdatum des folgenden Textes ist nicht bekannt. Er wurde zuerst am 10.10.1949 in der Zeitschrift „La via" (Nr. 36, S. 5) unter dem Titel „Auferstehung Roms" veröffentlicht.[67] Gedanken daraus wurden modifiziert mehrfach publiziert und haben auch Eingang in dieses Buch gefunden; hier sei er zur Gänze wiedergegeben. Der „schreiende Kontrast" zwischen einer vom „Licht des Ewigen" erhellten Wirklichkeit, wie Chiara es im Sommer zuvor selbst erlebt, wie sie es „gesehen" hatte, und der Realität „der Welt", verdichtet in der „Stadt" mit all ihrer Banalität und Hässlichkeit, bildet den Auftakt. Die Rückkehr aus dem „paradiesischen" Sommer in den Dolomiten war eine bewusste Entscheidung gewesen, eine Entscheidung voller Schmerz – und Liebe: für die bevorzugte, ja letztlich exklusive Entscheidung für „die größte Liebe", die Liebe Jesu in seiner Gottverlassenheit am Kreuz. Aus dieser „Perspektive", diesem Durch-Blick auf die Welt mit seinen Augen erschließen sich Welt und Menschheit ganz neu: als von Gott geliebt, bestimmt zur Teilhabe an seinem göttlichen Leben. Chiara schreibt: *„Mein Blick ist nun nicht mehr erloschen; vielmehr schaue ich durch die*

---

67 Resurrezione di Roma. Dialoghi interdisciplinari su città, persona e relazioni a partire da un testo di Chiara Lubich (Studi della Scuola Abba 5), Rom 2017, S. 18–22. Übersetzung von Gudrun Griesmayr und Joachim Schwind.

Leere meiner Seele wie durch eine Pupille, die durchlässig ist für das ganze Licht, das in mir ist (wenn ich Gott in mir leben lasse), auf die Welt und die Dinge. Doch nicht mehr ich schaue, sondern Christus ist es, der durch mich schaut." In einem anderen Text identifiziert sie *„die Wunde der Verlassenheit"* als *„Pupille im Auge Gottes, die unendliche Leere, durch die Gott auf die Welt, auf uns blickt: das Fenster Gottes, geöffnet auf die Welt; das Fenster der Menschheit, durch das man Gott sieht".* – „So lässt sich die *‚Pupille'* als Ermöglichung eines göttlich-menschlichen Blick-Wechsels verstehen ... Gott wird in gewisser Weise seiner selbst im Anblick des Menschen inne, während die Menschen sich im Anblick Gottes erkennen. Das gibt der Gestalt des menschgewordenen Gottes ihre Bedeutung: als ein ‚verschwindender Vermittler'" (Herbert Lauenroth)[68], ganz im Sinne des Philipperhymnus: „Er war Gott gleich, / hielt aber nicht daran fest, Gott gleich zu sein, sondern *er entäußerte sich* / und wurde wie ein Sklave / und den Menschen gleich. / Sein Leben war das eines Menschen; er erniedrigte sich / und war gehorsam bis zum Tod, / bis zum Tod am Kreuz. Darum hat ihn Gott über alle erhöht" (Philipper 2,6f). In ihm finden wir *„den ganzen Himmel mit der Dreifaltigkeit und die ganze Erde mit der Menschheit"*[69], wie Chiara schreibt.

Der dichte Text lässt in seiner mystischen Sprache auch nach über sieben Jahrzehnten eine hochaktuelle Berufung und Sendung erahnen, die in kühnen Worten gipfelt: *„Wir sind aufgerufen, Gott in uns wieder Leben zu schenken, ihn am Leben zu erhalten und ihn auf die anderen überfließen zu lassen wie eine Flut von Leben ... Und ihn unter uns am Leben zu erhalten, indem wir einander lieben (und die Liebe macht um sich kein Aufheben: Liebe bedeutet, sich selbst zu sterben – und dieses Sterben ist Schweigen – und in Gott zu leben – und Gott ist das Schweigen, das spricht.) Dann verändert sich alles ..."*

---

68 In: Aretz (Hg.), 182.
69 A1, 27f.

Wenn ich auf dieses Rom schaue, so wie es ist, dann empfinde ich mein Ideal so weit weg wie die Zeiten, in denen die großen Heiligen und Märtyrer lebten. Mit dem Licht des Ewigen erhellten sie sogar die Mauern vieler Bauwerke, die heute noch die Liebe, die die ersten Christen verband, bezeugen.

In schreiendem Kontrast dazu steht das Hässliche und Oberflächliche, das auf den Straßen und mehr noch in den verborgenen Winkeln der Häuser vorherrscht, wo es Streit, Sünde und Verirrung jeder Art gibt.

Und ich würde mein Ideal als Utopie bezeichnen, wenn ich nicht an ihn dächte, der sich auch von einer Welt wie dieser umgeben sah und am Ende seines Lebens davon überwältigt schien, besiegt vom Bösen.

Auch er hat auf die vielen Menschen geschaut, die er liebte wie sich selbst. Er hatte sie erschaffen und hätte die Verbindung herstellen wollen, die sie mit ihm vereinen sollte, als Kinder mit dem Vater und untereinander als Geschwister.

Er war herabgekommen, um die Familie wieder zusammenzufügen, um alle eins zu machen.

Und obwohl seine Worte von Feuer und Wahrheit das Vergängliche, welches das Ewige im Menschen und zwischen den Menschen zudeckt, verbrannt hatten wie trockenes Reisig, wollten die Menschen, viele Menschen nicht begreifen, auch wenn sie verstanden; ihre Augen waren blind, weil die Seele dunkel war.

Und das nur deshalb, weil er sie als freie Menschen erschaffen hatte.

Als Gott vom Himmel auf die Erde kam, hätte ein Blick von ihm genügt, um sie wieder zum Leben zu erwecken. Doch weil sie nach seinem Bild erschaffen waren, musste er es ihnen überlassen, musste er ihnen die Genugtuung überlassen, sich den Himmel in Freiheit zu erobern. Es ging um die Ewigkeit; denn für alle Ewigkeit würden sie als Kinder Gottes leben und wie Gott (durch Teilhabe an seiner Allmacht) ihr eigenes Glück erschaffen.

Er schaute auf die Welt, wie ich sie sehe, aber er zweifelte nicht.

Unzufrieden und traurig über all das, was dem Verderben entgegenging, betrachtete er im nächtlichen Gebet den Himmel über sich und den Himmel in sich, in dem die Dreifaltigkeit lebte, das wahre Sein, die eigentliche Wirklichkeit, während draußen, auf den Straßen, das vergängliche Nichts wandelte.

Ich folge seinem Beispiel, um mich nicht zu lösen vom Ewigen, vom Ungeschaffenen, das die Wurzel des Geschaffenen ist, das Leben von allem. So bewahre ich den Glauben, dass letztlich das Licht über die Finsternis siegen wird.

Ich gehe durch Rom und will es gar nicht anschauen. Ich schaue auf die Welt, die in mir ist, und halte mich fest an dem, was Bestand und Wert hat. Ich vereine mich mit der Dreifaltigkeit, die in meiner Seele wohnt, sie mit ewigem Licht erleuchtet und mit dem ganzen Himmel erfüllt, in dem die Heiligen und Engel wohnen. Sie sind ja nicht Raum und Zeit unterworfen und können sich in mir, diesem kleinen Geschöpf, mit den drei göttlichen Personen in einer Gemeinschaft der Liebe zusammenfinden.

Und ich berühre das Feuer, das mein ganzes, mir von Gott geschenktes Menschsein durchdringt und mich zu einem anderen Christus macht, zu einem anderen Gott-Menschen durch Teilhabe, sodass sich das Menschliche in mir mit dem Göttlichen verbindet. Mein Blick ist nun nicht mehr erloschen; vielmehr schaue ich durch die Leere meiner Seele wie durch eine Pupille, die durchlässig ist für das ganze Licht, das in mir ist (wenn ich Gott in mir leben lasse), auf die Welt und die Dinge. Doch nicht mehr ich schaue, sondern Christus ist es, der durch mich schaut. Und er sieht auch heute wieder Blinde, denen er das Augenlicht geben will; Stumme, denen er die Sprache, und Lahme, denen er die Beweglichkeit geben will. Blinde, die nicht fähig sind, Gott in sich und um sich herum wahrzunehmen; Stumme, die das Wort Gottes, obgleich es in ihnen spricht, den anderen nicht weitergeben, wodurch sie ihnen doch den Zugang zur Wahrheit eröffnen könnten; Lahme, die den göttlichen Willen nicht erkennen, der sie vom Innersten ihres Herzens her zur ewigen Bewegung drängt, zur ewigen Liebe, dorthin, wo man selbst Feuer fängt, wenn man es anderen weitergibt.

Wenn ich dann die Augen wieder öffne für das, was draußen ist, sehe ich die Menschheit mit den Augen Gottes, der alles glaubt, weil er Liebe ist.

Ich finde in den anderen dasselbe Licht wieder, das auch in mir leuchtet, dieselbe göttliche Wirklichkeit, mein eigentliches Sein (selbst wenn es verschüttet ist oder aus Scham verborgen wird). Und wenn ich mich selbst wiedergefunden habe, vereine ich mich mit mir und komme – Liebe ist Leben – im Mitmenschen zur Auferstehung. Doch es ist Jesus im anderen, der lebendig wird, ein anderer Christus, ein anderer Gott-

Mensch, Manifestation der Güte des Vaters auf Erden, Blick Gottes auf die Menschheit. So weite ich Christus in mir auf den Mitmenschen hin aus und bilde eine lebendige und vollständige Zelle des Mystischen Leibes Christi, eine lebendige Zelle, einen Feuerherd; Feuer, dazu bestimmt, sich auszubreiten und Licht zu geben.

Denn es ist Gott, der zwei Menschen eins macht, indem er selbst als der Dritte, als ihre Beziehung hinzutritt: Jesus unter uns.

So kreist die Liebe, und weil es ihrem Wesen entspricht, Gemeinschaft hervorzubringen, reißt sie wie ein entfesselter Strom alles mit, was die beiden an geistigen und materiellen Gütern besitzen, damit sie allen zuteilwerden.

Dies ist ein konkretes und sichtbares Zeugnis einer Liebe, die vereint, der echten Liebe: der Liebe der Dreifaltigkeit.

Dann lebt wirklich der ganze Christus in beiden, in jedem Einzelnen und auch unter ihnen.

Er, der Gott-Mensch, in den verschiedenen menschlichen Ausdrucksformen, die ganz vom Göttlichen durchdrungen sind, im Dienst des ewigen Ziels: Gott, dem es um sein Reich geht und der – als Herrscher über alles – wie ein Vater seinen Kindern alles Gute zukommen lässt, ohne Unterschiede zu machen.

Wenn ich Gott in mir leben ließe, und wenn ich es ihm ermöglichte, sich in den Brüdern und Schwestern zu lieben, würde er, so meine ich, sich selbst in vielen wiedererkennen, und viele Augen würden durch sein Licht erglänzen: sichtbares Zeichen seiner Gegenwart in ihnen.

Dann würde sich das Feuer, die alles verzehrende Kraft im Dienst der ewigen Liebe, schnell über ganz Rom ausbreiten und die Christen zu neuem Leben erwecken. Er würde aus diesem Zeitalter, das gezeichnet ist von der Kälte der Gottlosigkeit, ein Zeitalter des Feuers machen, ein Zeitalter Gottes.

Aber es braucht den Mut, sich nicht auf andere Mittel abzustützen oder sie allenfalls als zweitrangig zu erachten, damit wir nicht ein Christentum hervorbringen, das höchstens fahler Abglanz von etwas Vergangenem ist.

Wir sind aufgerufen, Gott in uns wieder Leben zu schenken, ihn am Leben zu erhalten und ihn auf die anderen überfließen zu lassen wie eine Flut von Leben und die Toten zum Leben zu erwecken.

Und ihn unter uns am Leben zu erhalten, indem wir einander lieben (und die Liebe macht um sich kein Aufheben: Liebe bedeutet, sich selbst zu sterben – und dieses Sterben ist Schweigen – und in Gott zu leben – und Gott ist das Schweigen, das spricht.)

Dann verändert sich alles: Politik und Kunst, Schulwesen und Religion, persönliches Leben und Zeitvertreib. Alles.

Gott in uns ist nicht wie ein Kruzifix, das manchmal nur noch wie ein Amulett an der Wand eines Klassenzimmers hängt. Er ist in uns lebendig – wenn wir ihn leben lassen – als Gesetzgeber jedes menschlichen und göttlichen Gesetzes; denn alles geht aus seiner Hand hervor. Im Innern spricht er zu uns; er – der ewige Lehrer – lehrt uns das Ewige und das Zeitliche und gibt allem Wert. Doch das verstehen nur diejenigen, die ihn in sich leben lassen, indem sie in den anderen leben; denn das Leben ist Liebe, und wenn sie nicht kreist, lebt sie nicht.

Jesus muss in der Ewigen Stadt wieder zum Leben erweckt werden und überall Eingang finden. Er ist das Leben, das Leben in seiner ganzen Bandbreite. Er gehört nicht nur in die Sphäre des Religiösen ... Ihn losgelöst vom Leben des Menschen zu betrachten, ist eine faktische Irrlehre unserer Zeit; denn dadurch wird der Mensch auf eine Stufe herabgewürdigt, die ihm nicht entspricht, und Gott, der Vater, wird von seinen Kindern getrennt und in weite Ferne verbannt.

Nein, er ist der Mensch schlechthin, der vollkommene Mensch, der in sich alle Menschen vereint. In ihm ist jede Wahrheit enthalten, jedes Streben des Menschen, zu seiner hohen Bestimmung zu gelangen.

Wer diesen Menschen gefunden hat, hat die Lösung für jedes Problem gefunden, ob es um den Menschen oder um Gott geht. Er zeigt das. Es genügt, ihn zu lieben.[70]

---

70 Der letzte Satz ist nicht vordergründig zu verstehen im Sinne einer unmittelbaren, konkreten Lösung für dieses oder jenes Problem, sondern im Sinne eines Unterfangen-Seins, eines Aufgefangen-Seins durch die alles verwandelnde göttlich-menschliche Liebe des Gekreuzigt-Auferstandenen, der auch heute weiterwirkt in Menschen, in denen und unter denen er lebt.

Nachwort

Nichts als „das Evangelium" wollte Chiara hinterlassen; auf diese Botschaft haben ihre Schriften wieder und wieder den Blick gelenkt. Es ging ihr nicht um ihre Person. „Missionieren", Menschen bekehren? Bestände sichern? Mitglieder halten oder gewinnen wollen? Nein: „Die Liebe soll geliebt werden!" Wie eingangs gesagt: Um *Leben* geht es, und um die Welt: eine Welt im Sinne Gottes, um Leben in der oft auch harten Alltagsrealität, in den enormen Herausforderungen unserer Zeit. Nicht „Missionieren", aber: Ist es nicht *schön*, neu oder zum ersten Mal den Ruf zu verspüren, bei diesem zutiefst menschlichen „Projekt" dabei zu sein? Vielleicht sogar bewusst und ausdrücklich? Als Getaufte, mit einem neuen (Selbst-)Bewusstsein: mitverantwortlich einbezogen in Jesu Sendung – Seite an Seite, als Menschen unter Menschen, in Schenken und Beschenkt-Werden, in der Hinwendung zu Jesus, der im Schrei der Leidenden (und auch die Schöpfung leidet) uns anruft.

„Was ist Liebe?" – „Der Gekreuzigte." So hatte Chiaras spontane Antwort auf die ewige Frage gelautet, und sie hatte selbst nicht sagen können, was oder wer ihr das in den Mund gelegt hatte. Ist es nicht *schön*, dass es ein „Volk aus allen Völkern" gibt, das – von dieser Liebe getragen – gerufen ist, Sauerteig, Salz, Licht zu sein, manches Mal auch „nur" im schweigenden Dasein? Und ist es nicht auch *tröstlich*, dass dieses „Volk" kein Volk der „Besseren" ist, sondern selbst aus Gottes Vergebung lebt und mutig immer neu anfangen darf in dynamischer, kreativer Treue? Mission, Evangelisierung etc., all das bekommt von hier aus einen neuen Klang: weiter, sehr viel weiter als gewöhnlich gedacht. Die lebensverändernde, die weltverändernde Kraft der Frohen Botschaft ist in der Tat längst nicht eingeholt.

Abkürzungs- und Quellenverzeichnis

Schriften von Chiara Lubich:

A1 = Alle sollen eins sein. Geistliche Schriften, München ²1999
AB = Alles besiegt die Liebe, München 1998
An die Gen, München ²1977
Ann. = Un annuncio che cambia la vita negli scritti di Chiara Lubich. A cura di Fabio Ciardi
    e Renata Simon
Cercando = Cercando le cose di lassù, Rom ²1992
Colloqui con i gen, anni 1970-74, Rom 1999
Conversazioni in collegamento telefonico. A cura di Michel Vandeleene, Rom
Costruendo = Costruendo il castello esteriore, Rom 2002
Cristo dispiegato nei secoli, Rom ²1994
Damit die Liebe lebendig bleibt. Im Gespräch über die Familie, Friedberg 2008
Der Schrei der Gottverlassenheit. Der gekreuzigte und verlassene Jesus in Geschichte
    und Erfahrung der Fokolar-Bewegung, München 2001
Der verlassene Jesus. Meditationsimpulse über das Geheimnis der größten Liebe,
    München 2016
Detti Gen, Rom ⁶2001
Diario 1964/65, Rom 1965
La dottrina spirituale, Rom 2006
Erst in der Nacht sieht man die Sterne, München ²2000
Für eine geeinte Welt, München 1990
Gemeinsam unterwegs. Impulse 1981–1983, Friedberg 1995
Gespräche mit der Gründerin der Fokolar-Bewegung, hg. von Regina Betz, München 1988
Il dialogo è vita, Rom 2007
In Brot und Wein. Die Eucharistie – Sakrament der Gemeinschaft, München ⁵1989
In unità verso il Padre, Rom 2004
L'arte di amare, (Città Nuova) Roma 2005
Leben aus dem Wort, München ⁴1989
Lettere = Lettere 1939–1960, a cura di Florence Gillet, Rom 2022
Maria. Mutter – Schwester – Vorbild, München, Neuausgabe 2010
Respiro = Il respiro dell'anima, hg. von Fabio Ciardi, Rom 2022
Santi insieme, Rom 1994
Santità di popolo, Rom 2001
Sehnsucht = Die große Sehnsucht unserer Zeit, München ²2011
Vom Geschenk des gegenwärtigen Augenblicks, München 2005
Der Wille Gottes, München ³1990
WdL = Wort des Lebens, in: Neue Stadt (NSt)
Wo Einheit wächst. Spirituelle Impulse für die Ökumene. Mit einer Einführung von
    Walter Kasper, München 2017

Andere Autoren/Zeitschriften in Auswahl:

AllgSt = Allgemeines Statut des Werkes Mariens (Fokolar-Bewegung)
Aretz (Hg.) = Bernd Aretz (Hg.), Chiara Lubich. Ein Leben für die Einheit. Eine biografische
    Skizze und ausgewählte, kommentierte Meditationen, München 2019
Cerini = Marisa Cerini, Dio Amore nell'esperienza e nel pensiero di Chiara Lubich,
    Rom 1991
Città Nuova. Quindicinale del Movimento dei focolari
Jesús Morán, Fedeltà dinamica, Rom 2023
NSt = Neue Stadt. Monatsmagazin, hrsg. von der Fokolar-Bewegung, Friedberg-Augsburg
Nuova Umanità. Rivista bimestrale di cultura
Judith M. Povilus, Jesus in der Mitte. Jesu Gegenwart unter den Menschen in der Fokolar-
    Spiritualität, (Neue Stadt) München [2]1990
Stefan Tobler / Judith M. Povilus (Hgg.), Dreifaltige Einheit. Über die mystische Erfahrung
    von Chiara Lubich, München 2021